Zertifizierung und Standardisierung im Projektmanagement

Eine Studie in deutschen Unternehmen

**Nicolai Rathmann** (Dipl. Kfm. (FH) und M.Sc.) studierte Betriebswirtschaftslehre an der Fachhochschule Osnabrück sowie Wirtschaftsinformatik an der Universität Duisburg-Essen. Seit mehreren Jahren ist der Familienvater in verantwortlichen Rollen im Projektmanagement tätig und als Project Management Professional (PMP®) zertifiziert.

Sie erreichen den Autor per Email unter mail@nicolairathmann.de.

Nicolai Rathmann

Zertifizierung und Standardisierung im Projektmanagement

Eine Studie in deutschen Unternehmen

> **Bibliographische Information Der Deutschen Bibliothek**
>
> Die Deutsche Bibliothek verzeichnet diese Publikation in der Deutschen Nationalbibliographie; detaillierte bibliographische Daten sind im Internet unter <http://dnb.ddb.de> abrufbar.

Herstellung und Verlag: Books on Demand GmbH, Norderstedt

ISBN-10: 3-8334-6786-X
ISBN-13: 978-3-8334-6786-8

Dezember 2006
Copyright © 2006 Nicolai Rathmann

Die vorliegende Publikation ist urheberrechtlich geschützt. Alle Rechte vorbehalten.

Es wird darauf hingewiesen, dass die in diesem Buch wiedergegebenen Gebrauchsnamen, Handelsnamen, Warenzeichen usw. ohne besondere Kennzeichnung geschützte Marken sein und als solche den gesetzlichen Bestimmungen unterliegen können.

Alle Angaben in diesem Buch wurden mit größter Sorgfalt kontrolliert. Weder Autor noch Verlag können jedoch für Schäden haftbar gemacht werden, die in Zusammenhang mit der Verwendung dieses Buches stehen.

Inhaltsverzeichnis

Abbildungsverzeichnis 8

Tabellenverzeichnis 11

Abkürzungsverzeichnis 12

1 Vorwort 15
2 Ausgangssituation 17
    2.1 Begriffsdefinitionen 17
        2.1.1 Projekt und Projektmanagement 17
        2.1.2 Qualifizierung und Zertifizierung 18
        2.1.3 Standards, Normen und Kanons 19
        2.1.4 Projektmanagement-Standardisierung 21
        2.1.5 Projektmanagement-Zertifizierung 22
    2.2 Projektmanagement-Standardisierung 23
        2.2.1 Darstellung von PM-Standards 24
        2.2.2 Abgrenzung zu PM-Reifegradmodellen 29
        2.2.3 Abgrenzung zu Vorgehensmodellen 31
    2.3 Projektmanagement-Zertifizierung und –Qualifizierung 31
        2.3.1 Anforderungen an Projektmanager 31
        2.3.2 Qualifizierung: Aus- und Weiterbildungsmöglichkeiten im PM 33
        2.3.3 Projektmanagement-Zertifizierungen 34
        2.3.4 Projektorientierte Personalentwicklung und Laufbahnmodelle 43
    2.4 Aktueller Stand der Diskussion 44
        2.4.1 PM-Standardisierung 45
        2.4.2 PM-Zertifizierung 46
        2.4.3 PM-Laufbahnmodelle 47
        2.4.4 Offene Fragen 47

3 Darstellung und Analyse der empirischen Untersuchung 51

- 3.1 Ziele der empirischen Untersuchung 51
- 3.2 Untersuchungsmethodik und -design 51
- 3.3 Hypothesen 52
- 3.4 Empirische Befunde 53
  - 3.4.1 Profil der Teilnehmer 54
  - 3.4.2 Das PM-Umfeld in den Unternehmen 61
  - 3.4.3 PM-Standardisierung 76
  - 3.4.4 PM-Zertifizierung 88
- 3.5 Clusteranalyse 106
  - 3.5.1 Unternehmenscluster 1: Projekterfolg 107
  - 3.5.2 Unternehmenscluster 2: Einsatz von PM-Standards 110
  - 3.5.3 Unternehmenscluster 3: Einsatz von PM-Zertifizierungen 113
  - 3.5.4 Unternehmenscluster 4: Unternehmensgröße 116
  - 3.5.5 Unternehmenscluster 5: Branche des Unternehmens 119
  - 3.5.6 Unternehmenscluster 6: PM-Organisationsform 122
  - 3.5.7 Personen-Clusteranalyse 125
- 3.6 Auswertung der Hypothesen 128
- 3.7 Fazit 132

4 Entwicklung von Handlungsempfehlungen 135

- 4.1 Relevante Erkenntnisse der empirischen Untersuchung 135
  - 4.1.1 Kompetenzen von Projektmanagern 135
  - 4.1.2 Ausbildung und Karriere im Projektmanagement 136
  - 4.1.3 PM-Standardisierung 136
  - 4.1.4 PM-Zertifizierungen 137
- 4.2 Handlungsmodelle für Unternehmen 139
  - 4.2.1 Projektmanager mit betriebswirtschaftlicher Kompetenz ausstatten 139

	4.2.2	Qualifizierung von Projektmanagern auf breitere Beine stellen 139
	4.2.3	Bestehende PM-Standards auf Praxisnähe und Akzeptanz prüfen 139
	4.2.4	PMOs zur Unterstützung der PM-Standardisierung nutzen 140
	4.2.5	Auf einen PM-Standard und auf eine PM-Zertifizierung konzentrieren 140
	4.2.6	PM-Zertifizierungen im Rahmen der Personalauswahl gezielt nutzen 140
	4.2.7	PM-Zertifizierungen und PM-Laufbahnmodelle als integratives Werkzeug der Personalentwicklung und PM-Professionalisierung nutzen 141
	4.2.8	Zielkonflikte im Rahmen der PM-Zertifizierungen auflösen 141
5	Fazit und Ausblick 143
Anhang 145
	A	Fragebogen 145
	B	Rückläuferanalyse 155
	C	Ableitung der Aussagen für die Clusteranalyse 156
	D	Definition der Cluster und Gruppen 160
	E	Verfahrensschritte der GPM-Zertifizierung 164
	F	Detaillierter Vergleich der Zertifizierungssysteme von IPMA/GPM und PMI 165
Literaturverzeichnis 170

Abbildungsverzeichnis

Abbildung 2-1: Standards, Normen und Kanons 20

Abbildung 2-2: Verbreitung der PMI- und GPM-Zertifizierungen 35

Abbildung 3-1: Geschlecht der Befragten 55

Abbildung 3-2: Eigene PM-Rolle der Befragten 56

Abbildung 3-3: Projektmanagement-Zertifizierung der Befragten 57

Abbildung 3-4: Mitgliedschaft der Befragten in PM-Dachverbänden 58

Abbildung 3-5: Professionalisierung von Projektmanagement 59

Abbildung 3-6: Firmengröße der befragten Unternehmen..60

Abbildung 3-7: Branchen der befragten Unternehmen...61

Abbildung 3-8: Kategorisierung der Unternehmen nach Projekterfolg.....................62

Abbildung 3-9: Organisationsform von PM in den Unternehmen 63

Abbildung 3-10: Existenz von PM-Laufbahnmodellen 64

Abbildung 3-11: Kompetenzprofil erfolgreicher Projektmanager 66

Abbildung 3-12: Erfahrungsprofil erfolgreicher Projektmanager 67

Abbildung 3-13: Übereinstimmung von Befragten und Unternehmen hinsichtlich der Kompetenz- und Erfahrungsprofile 68

Abbildung 3-14: Bestätigungswege für Kompetenzfelder..71

Abbildung 3-15: Bestätigungswege für Erfahrungsfelder 72

Abbildung 3-16: Anforderungen in PM-Stellenausschreibungen 75

Abbildung 3-17: Bekanntheit von PM-Standards 76

Abbildung 3-18: Einsatz von PM-Standards..77

Abbildung 3-19: PM-Standardisierungsebene in den Unternehmen 78

Abbildung 3-20: Nutzung von internen und externen PM-Standards 79

Abbildung 3-21: Einsatz von Vorgehensmodellen 80

Abbildung 3-22: Nutzung von Industriestandards 81

Abbildung 3-23: Auslöser für PM-Standardisierung 82

Abbildung 3-24: Einsatz von Software für standardisiertes PM 83

Abbildung 3-25: Qualität der eingesetzten PM-Standards 84

Abbildung 3-26: Auswirkungen der eingesetzten PM-Standards auf unterschiedliche Aspekte des Projekts 86

Abbildung 3-27: Weitere Entwicklung von PM-Standards 87

Abbildung 3-28: Bekanntheit von PM-Zertifizierungen 88

Abbildung 3-29: Einsatz von PM-Zertifizierungen 90

Abbildung 3-30: Anteil zertifizierter Projektmanager in den Unternehmen 91

Abbildung 3-31: Ausbildung von Projektpersonal 92

Abbildung 3-32: Treiber für PM-Zertifizierungen 93

Abbildung 3-33: Unterstützung von PM-Zertifikanten durch die Unternehmen ... 94

Abbildung 3-34: Karrierechancen im Projektmanagement der befragten Unternehmen 95

Abbildung 3-35: Veränderung der Karrierechancen durch PM-Zertifizierung 96

Abbildung 3-36: Auslöser für PM-Zertifizierung 97

Abbildung 3-37: Qualität der eingesetzten PM-Zertifizierungssysteme 99

Abbildung 3-38: Erfolg implementierter PM-Zertifizierungssysteme 100

Abbildung 3-39: Vergleich eingeführter PM-Zertifizierungssysteme 102

Abbildung 3-40: Gründe gegen PM-Zertifizierung 104

Abbildung 3-41: Weitere Entwicklung von PM-Zertifizierungen 105

Abbildung 3-42: Unternehmenscluster "Projekterfolg" (1) 108

Abbildung 3-43: Unternehmenscluster "Projekterfolg" (2) 109

Abbildung 3-44: Unternehmenscluster „Nutzung PM-Standards" (1) 111

Abbildung 3-45: Unternehmenscluster "Nutzung PM-Standards" (2) 112

Abbildung 3-46: Unternehmenscluster „Nutzung PM-Zertifizierungen" (1) 114

Abbildung 3-47: Unternehmenscluster „Nutzung PM-Zertifizierungen" (2) 115

Abbildung 3-48: Unternehmenscluster „Unternehmensgröße" (1) 117

Abbildung 3-49: Unternehmenscluster „Unternehmensgröße" (2) 118

Abbildung 3-50: Unternehmenscluster „Branche" (1) 120

Abbildung 3-51: Unternehmenscluster „Branche" (2) 121

Abbildung 3-52: Unternehmenscluster „Projektorganisation" (1) 123

Abbildung 3-53: Unternehmenscluster „Projektorganisation" (2) 124

Abbildung 3-54: Personencluster "Rolle im Projektmanagement" 125

Abbildung 3-55: Personencluster "Eigene PM-Zertifizierung " 126

Abbildung 3-56: Personencluster "Eigene PM-Verbandsmitgliedschaft" 127

Tabellenverzeichnis

Tabelle 2-1: DIN-Normenfamilie Projektmanagement 25

Tabelle 2-2: Projektmanager-Anforderungsprofile 32

Tabelle 2-3: IPMA-Zertifizierungslevel und GPM-Abschlüsse 36

Tabelle 3-1: Bevorzugte Bestätigung von Kompetenz und Erfahrung 73

Tabelle 3-2: Durchschnittliche Einschätzung der Qualität von PM-Standards 85

Tabelle 3-3: Durchschnittliche Einschätzung der Auswirkung eingesetzter PM-Standards 86

Tabelle 3-4: Durchschnittliche Einschätzung der weiteren Entwicklung von PM-Standards 87

Tabelle 3-5: Durchschnittliche Einschätzung der Karrierechancen im PM 96

Tabelle 3-6: Durchschnittliche Einschätzung der Qualität der eingesetzten PM-Zertifizierungssysteme 99

Tabelle 3-7: Durchschnittliche Einschätzung der Qualität und des Erfolgs eingeführter PM-Zertifizierungssysteme 103

Tabelle 3-8: Durchschnittliche Einschätzung der weiteren Entwicklung von PM-Zertifizierungen 105

Abkürzungsverzeichnis

4-L-C	Four-Level Certification System
AM	Arithmetisches Mittel
ANSI	American National Standards Institute
BITKOM	Bundesverband Informationswirtschaft Telekommunikation und neue Medien e.V.
bzw.	beziehungsweise
CAPM	Certified Associate in Project Management
CMM	Capability Maturity Model
CMM-I	Capability Maturity Model Integration
CMM-P	People Capability Maturity Model
D	Deutschland
d. h.	das heißt
DIN	Deutsches Institut für Normung / Deutsche Industrienorm
EMS	European Marketing Specialists
EN	Europa-Norm
et al.	und andere
GI	Gesellschaft für Informatik e.V.
GPM	Deutsche Gesellschaft für Projektmanagement e.V.
HOAI	Honorarordnung für Architektur und Ingenieure
Hrsg.	Herausgeber
ICB	IPMA Competence Baseline
IG	Industriegewerkschaft
IHK	Industrie- und Handelskammer
IPMA	International Project Management Association
IPMI	Institut für Projektmanagement und Wirtschaftsinformatik (Universität Bremen)
ISO	International Organization for Standardization
ISPRI	Forschungszentrum für Informationssysteme in Projekt- und Innovationsnetzwerken (Universität Osnabrück)

IT	Informationstechnologie
MA	Mitarbeiter/in
NCB	National Competence Baseline
OPM3	Organizational Project Management Maturity Model
PM	Projektmanagement oder Projektmanager/in
PMBOK Guide	A Guide to the Project Management Body of Knowledge
PMBoK	Project Management Body of Knowledge
PMI	Project Management Institute
PMM	Kerzner Project Management Maturity Model
PMO	Project Management Office
PMP	Project Management Professional
PM-ZERT	Zertifizierungsstelle der GPM
PRINCE2	PRojects IN Controlled Environments 2
SA	Standardabweichung
SEI	Software Engineering Institute
u. a.	und andere / unter anderem
u. v. m.	und viele mehr
Unt.	Unternehmen
vgl.	vergleiche
VOB	Verdingungsordnung Bau
z. B.	zum Beispiel
z. T.	zum Teil

1 Vorwort

Die Diskussion über die Bedeutung von Zertifizierungen und Standards im Projektmanagement hat in den letzten Jahren immer mehr zugenommen. Vielfach wird bereits von „geschäftsentscheidenden Wettbewerbsvorteilen" durch Zertifizierungen und PM-Standards als „business requirement" gesprochen. Gleichzeitig fehlt es für den Themenkomplex jedoch an dedizierten Untersuchungen, die diese Argumentationen bestätigen oder widerlegen könnten.

Um diese Lücke zu schließen, wurde vom Autor im Frühjahr/Sommer 2006 – im Rahmen einer wissenschaftlichen Abschlussarbeit an der Universität Duisburg-Essen, betreut von Prof. Dr. Erwin Wagner (Universität Hildesheim) – eine Studie zu Stand und Trend von Projektmanagement-Standardisierung und -Zertifizierung in deutschen Unternehmen durchgeführt. Die wesentlichen Ergebnisse dieser Untersuchung werden in diesem Buch vorgestellt.

Für interessierte Leser werden zudem die fachlichen Grundlagen und begrifflichen Abgrenzungen beschrieben, die als Basis für eine vertiefende Beschäftigung mit dem Thema dienen können.

Unternehmen, die sich mit der Etablierung oder Optimierung ihres Projektmanagement-Systems auseinandersetzen, finden aus den Untersuchungsergebnissen abgeleitete Handlungsempfehlungen.

Ich wünsche Ihnen neue Erkenntnisse und viel Erfolg bei deren Umsetzung!

Osnabrück im Dezember 2006

Nicolai Rathmann

2 Ausgangssituation

In diesem Kapitel wird die Ausgangssituation für den Themenbereich „Projektmanagement-Zertifizierung und –Standardisierung" dargestellt. Zunächst werden die benötigten Begriffe definiert, um anschließend die Themenbereiche PM-Standardisierung und PM-Zertifizierung sowie den aktuellen Stand der Diskussion zu diesen Themen vorzustellen.

2.1 Begriffsdefinitionen

Im Folgenden werden die relevanten Begriffe definiert, da hierzu sowohl in der Literatur als auch in der Praxis unterschiedliche, teilweise gegenläufige Verständnisse vorliegen.

2.1.1 Projekt und Projektmanagement

In Literatur und Praxis werden die Begriffe „Projekt" und „Projektmanagement" auf sehr unterschiedliche Weise gebraucht. Im Rahmen dieses Buches wird auf die allgemein gebräuchlichen Definitionen der DIN 69901 (vgl. [DIN94]) zurückgegriffen.

Unter einem „Projekt" wird ein Vorhaben verstanden, welches „im Wesentlichen durch die Einmaligkeit der Bedingungen in ihrer Gesamtheit gekennzeichnet ist. Darunter fallen z. B.

- Zielvorgabe
- Zeitliche, finanzielle, personelle und andere Begrenzungen
- Abgrenzung gegenüber anderen Vorhaben
- Projektspezifische Organisation." ([DIN94])

„Projektmanagement" (PM) ist daraus abgeleitet die „Gesamtheit von Führungsaufgaben, -organisation, -techniken und –methoden für die Abwicklung eines Projekts". ([DIN94])

Aus der PM-Definition kann auch die Unterscheidung zwischen „Single Project Management" (SPM) und „Multi Project Management" (MPM oder Multi-PM) hergeleitet werden. Während es beim SPM bzw. PM um das Management eines einzelnen Projekts geht, beschäftigt sich das Multi-PM mit dem Management mehrerer gleichzeitig laufender Projekte. Dies kann in Form von Programmmanagement (unter einem „Programm" wird hier ein Großprojekt mit einer Anzahl von Subprojekten, welches durch einen Programmmanager verantwortet wird, verstanden) und/oder Projektportfoliomanagement (unter einem „Projektportfolio" wird die gleichzeitige Existenz mehrerer eigenständiger Projekte in einer Organisation verstanden) geschehen (vgl. [Lomn01, S.22]). In der vorliegenden Untersuchung liegt der Schwerpunkt beim „einfachen" PM, d. h. Themen und Fragestellungen des Multi-PM werden nur dann angesprochen, wenn sie von Bedeutung für das Management einzelner Projekte sind.

2.1.2 Qualifizierung und Zertifizierung

Eine „Qualifizierung" ist die Vermittlung bzw. der Erwerb von Wissen und Kenntnissen einschließlich entsprechender Anwendungsfähigkeiten und Fertigkeiten, die es zum Ziel hat, eine bestimmte „Qualifikation" (die Eignung bzw. Befähigung zur Erfüllung einer bestimmten Aufgabe) zu erreichen. Durch eine „Qualifizierungsmaßnahme" und ihren erfolgreichen Abschluss wird diese Qualifikation erreicht. Entsprechende Abschlüsse bestätigen, dass zum Abschlusszeitpunkt eine bestimmte Kompetenz vorgelegen hat und werden deshalb auf Lebenszeit verliehen (vgl. [MoPaWo98, S. 11f]).

Während die „Kompetenz" den Sachverstand über oder die Fähigkeit von etwas ausdrückt, handelt es sich bei „Erfahrung" um Wissen oder Können, welches man nicht theoretisch, sondern nur praktisch durch eigene Erlebnisse erlangen kann (vgl. [MS05]).

Unter einer „Zertifizierung" wird die Bestätigung der Kompetenz und/oder Konformität durch eine unparteiische Institution in Form eines Zertifizierungsdokuments verstanden. Sie bestätigt das Vorhandensein einer im einem normativen Dokument (wie z. B. einer Norm, einem Standard oder einem Kanon) definierten Qualifikation und setzt unter Umständen bestimmte Maßnahmen zu dessen Aufrechterhaltung voraus (vgl. [MoPaWo98, S. 12f]). Es kann weiter unterschieden werden zwischen Personen- und Organisationszertifizierung. I im weiteren Verlauf dieser Studie ist ausschließlich die Personenzertifizierung von Interesse, da bislang nur eine solche im Bereich des Projektmanagements verfügbar ist. Ergebnis der Personenzertifizierung ist ein Kompetenzzertifikat, welches nach DIN EN 45013 ein „Dokument [ist], das gemäß den Regeln eines Zertifizierungssystems ausgestellt wurde und anzeigt, dass angemessenes Vertrauen besteht, dass die genannte Person für bestimmte Aufgaben kompetent ist" ([DIN90]). Ein Zertifizierungssystem ist nach DIN EN 45012 ein „System, das seine eigenen Verfahrens- und Verwaltungsregeln hat, um Begutachtungen vorzunehmen, die zur Ausstellung eines Zertifizierungsdokuments und seiner künftigen Aufrechterhaltung führen" ([DIN98]).

Zu betonen ist der grundlegende Unterschied zwischen den Urkunden oder Zeugnissen, die zum Abschluss von Qualifizierungsmaßnahmen häufig als „Zertifikate" ausgegeben werden und den Kompetenzzertifikaten, welche im Rahmen eines Zertifizierungsverfahrens ausgegeben werden.

2.1.3 Standards, Normen und Kanons

Ein „Standard" ist ein Richtwert oder eine durchschnittliche Beschaffenheit eines Merkmals oder Objekts (vgl. [MS05]). Eine „Norm" hingegen wird als „ein zur Pflicht gewordener oder erhobener Standard, eine verbindliche Richtschnur oder eine allgemein als verbindlich angesehene Regel einer Gesellschaft" ([MS05]) verstanden. Normen „definieren und regeln einheitliche Begriffe, Verfahren und Systeme und haben unter anderem das Ziel, Missverständnisse in der Kommunikation zu vermeiden" ([Ang02, S. 1]).

Die Verbindlichkeit einer Norm im Gegensatz zu einem Standard kann beispielsweise dadurch erreicht werden, dass der Standard durch ein allgemein anerkanntes Normierungsgremium wie das Deutsche Institut für Normung e.V. (DIN) zur Norm erhoben wird. Man spricht von einer „Normung".

Ein „Kanon" stellt schließlich die „Gesamtheit der Grundsätze, Regeln und Vorschriften eines bestimmtes Bereiches" ([MS05]) dar. Unter Grundsätzen und Regeln sind in diesem Zusammenhang auch Normen und Standards zu verstehen. Die Aufnahme einer Regel in den Kanon wird „Kanonisierung" genannt.

Ausgangssituation

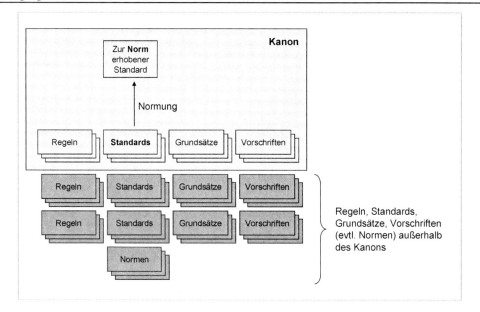

Abbildung 2-1: Standards, Normen und Kanons

Wie sich im Verlaufe dieser Untersuchung zeigte, hat diese streng wissenschaftliche Abgrenzung in der Praxis keine Bedeutung. So ist der „A Guide to the Project Management Body of Knowledge" (PMBOK Guide →Abschnitt 2.2.1.3) des Project Management Institute (PMI) grundsätzlich ein unverbindlicher Standard, an dem sich Organisationen auf freiwilliger Basis orientieren können. In den USA ist der PMBOK Guide jedoch auch eine vom American National Standards Institute (ANSI) anerkannte Norm (ANSI/PMI 99-001-2000; ANSI/PMI 99-001-2004) und somit in gewisser Hinsicht verbindlich. Gleichzeitig wird er von manchen Autoren, wie Pannenbäcker, auch als Kanon eingestuft (vgl. [Pann01b, S. 49f]). Je nach Blickrichtung sind also alle drei Einstufungen korrekt. Pannenbäcker beschreibt diese Vieldeutigkeit so: „Der Ausdruck Standard schließt demnach in gewisser Weise die Norm ein. Ein Kanon erfüllt sicherlich auch die Merkmale eines Standards, umgekehrt ist dies keinesfalls immer gegeben. Auch sind Normen nicht zwangsläufig kanonisch, wohl eher Begriffs- bzw. Darlegungsnormen als Verfahrensnormen. Kanons haben dagegen meist stark normativen Charakter" ([Pann01a, S. 64f]).

Praktisch werden die Begriffe „Norm", „Standard" und „Kanon" zumeist gleichbedeutend benutzt, wobei „Standard" der am häufigsten benutzte Begriff ist. Da dieses Buch den aktuellen Stand in der Praxis und die weitere praktische Entwicklung aufzeigen soll, passt sich der Autor diesem gängigen Sprachgebrauch an und nutzt die drei Begriffe entsprechend ebenso gleichbedeutend.

2.1.4 Projektmanagement-Standardisierung

Die Notwendigkeit zur Standardisierung, beispielsweise von Begriffen, ist auch im Projektmanagement-Umfeld gegeben. Normen und Richtlinien sind insbesondere dafür notwendig, die Kommunikation in und zwischen Organisationen zu erleichtern. Ausgelöst wurde die Standardisierung im Vorläufer des PM – in der Netzplantechnik – in den 1960er Jahren. Der aktuelle Stand einer international einheitlichen PM-Normung ist jedoch, so stellt Angermeier fest, „äußerst unzufriedenstellend und verringert die Akzeptanz von Projektmanagement" ([Ang02, S. 5]). Auch Pannenbäcker stellt hierzu fest: „Die Wissenschafts- und Anwendungsdisziplin Projektmanagement ist vergleichsweise jung und befindet sich in der Konstituierungsphase [der Kanonisierung]" ([Pann01a, S.61]).

Ein Beispiel zeigt, dass es möglich ist, einheitliche Begriffe und Abläufe zum Nutzen aller Beteiligten einzuführen. In der Baubranche, dem wohl ältesten PM-Gewerbe, wird durch die Verdingungsordnung Bau (VOB) und die Honorarordnung für Architektur und Ingenieure (HOAI) zusammen mit einer Vielzahl relevanter DIN-Normen fast jeder Handgriff geregelt. Der Nachteil, dass Bauen eher ein juristischer Balanceakt ist als ein handwerklicher Fertigungsprozess, wird durch den Vorteil aufgewogen, dass jeder in der Branche sofort weiß, was eine „Ausschreibung nach VOB" bedeutet und wie sie abläuft (vgl. [Ang04, S.1]).

Momentan existieren mehrere PM-Standards, deren Ersteller relativ eigenständige und teilweise auch widersprüchliche Wege gehen. In der Praxis häufig anzutreffende Standards sind die deutsche DIN-Normenfamilie 69900 bis 69905 (→Abschnitt 2.2.1.1), der „ProjektManager" der Deutschen Gesellschaft für Projektmanagement (GPM, →Abschnitt 2.2.1.2) sowie der „PMBOK Guide" des PMI (→Abschnitt 2.2.1.3). Diese Standards befassen sich hauptsächlich mit Methodik, Instrumenten und der Umsetzung von Projekten (vgl. [VW03, S.36]).

Für den Bereich der PM-Standardisierung kann zusammenfassend festgestellt werden:

1. Der Bedarf zur Standardisierung und Normierung von Begriffen, Verständnissen und Vorgehensweisen besteht, um Missverständnisse zu vermeiden und die Kommunikation zu verbessern. In der Praxis reden Pro-

jektbeteiligte selbst innerhalb einer Organisation schon einmal „aneinander vorbei", da es keine allgemein anerkannte Basis gibt.

2. In einem Großteil der Unternehmen werden aus diesem Grunde firmeninterne Standards, z. B. in einem Projektmanagement-Handbuch festgelegt. Dies wird von den relevanten empirischen Studien der letzten Jahre belegt, zuletzt z. B. 2003 (vgl. [VW03, S. 93]) und 2006 (vgl. [Barck06, S. 14]).

3. Eine Form von unternehmensübergreifender, international einheitlicher Standardisierung, wie z. B. im Bereich des Qualitätsmanagements mit den ISO-Normen 9000 und 10000, gibt es nicht. Stattdessen konkurrieren international und national unterschiedliche Standards miteinander. Diese übergreifenden „Industriestandards" werden dabei von den jeweiligen Unternehmen unterschiedlich genutzt.

Von einem PM-„Industrie"-Standard zu unterscheiden sind firmenindividuelle Regelungen, die oftmals in Form von „PM-Handbüchern" dokumentiert sind. Nach DIN 69905 ist das PM-Handbuch eine "Zusammenstellung von Regelungen, die innerhalb einer Organisation generell für die Planung und Durchführung von Projekten gelten." Im Rahmen dieses Buches wird hier auch von „internen" im Vergleich zu „externen" Standards gesprochen.

2.1.5 Projektmanagement-Zertifizierung

Auch der Bedarf für eine Zertifizierung ist im Projektmanagement gegeben. Relativ konkret kann dies an folgenden drei Punkten festgemacht werden:

1. Der Standardisierungsdruck im PM nimmt, wie oben bereits geschildert, auch aus wirtschaftlichen Gründen zu.

2. Die Bedeutung von Projekten und Projektmanagement in Organisationen nimmt zu, was auch empirische Studien zeigen (z. B. die GPM-Projektmanagementstudie 2004 „Effizienz von Projekten in Unternehmen", vgl. [GPM04b, S.1]). Insbesondere wird die Bedeutung des „menschlichen Anteils" am Projekterfolg immer mehr deutlich. Auch dieses zunehmende Bewusstsein wird durch Studien immer sichtbarer (z. B. in der GPM-PM-Studie 2005 „Konsequente Berücksichtigung weicher Faktoren", vgl. [GPM05]). Aus diesen Gründen steigt der Bedarf an gut ausgebildeten und erfahrenen Projektleitern an.

3. Es existiert kein einheitlicher Ausbildungsweg und kein allgemeingültiges Kompetenzprofil für Mitarbeiter in Projekten. Der Titel eines „Projektmanagers" oder „Projektleiters" ist nicht geschützt. In der Praxis nehmen Personen mit höchst unterschiedlichen Qualifikations- und Erfahrungsniveaus PM-Aufgaben wahr (vgl. [LaRa05, S. 137]). Dadurch wird die Besetzung von Stellen im Projekt schwieriger und die Qualität des Projektmanagement wird unsicher.

Eine auf gewissem Niveau einheitliche und standardisierte Kompetenz, die in anderen Feldern beispielsweise durch ein absolviertes Studium oder eine abgeschlossene Ausbildung belegt wird, kann auch durch ein entsprechendes Kompetenzzertifikat nachgewiesen werden. Diese Zertifikate können auf firmenindividuellen oder auf anerkannten „Industrie-PM-Standards" aufbauen. Je nach Ausgestaltung ist von der Kompetenzgrundlage der Zertifizierung und der ausstellenden Institution die Anerkennung und Wertschätzung einer PM-Zertifizierung auf dem Markt maßgeblich abhängig.

Etabliert haben sich solche Zertifizierungssysteme unter anderem im Bereich des Qualitätsmanagements in Form von branchenübergreifenden, internationalen Organisationszertifizierungen („Qualitätsmanagement nach DIN ISO zertifiziert") sowie in der Informationstechnologie (IT) in Form von herstellerspezifischen Personenzertifizierungen (z. B. Microsoft (vgl. [MS06]), Red Hat Linux (vgl. [RH05]) u. v. m.).

Im Bereich der Projektmanagement-Zertifizierung dominieren momentan vor allem die Zertifizierungssysteme der GPM und des PMI den deutschen Markt. Die Anzahl der zertifizierten Projektleiter nimmt bei beiden Systemen in der letzten Zeit stark zu (→ Abschnitt 2.3.3).

2.2 Projektmanagement-Standardisierung

Im folgenden Abschnitt werden die für Deutschland aktuell bedeutendsten PM-Standards und Normen dargestellt und ihre Eigenarten sowie Gemeinsamkeiten untersucht. Von der PM-Standardisierung abzugrenzen sind die aktuellen Ansätze, eine Art Organisationszertifizierung hinsichtlich des Projektmanagement-Reifegrads zu implementieren. Hier existieren einige Modelle und Anbieter, die kurz vorgestellt werden. Schließlich werden noch Vorgehensmodelle von PM-Standards abgegrenzt.

2.2.1 Darstellung von PM-Standards

In diesem Abschnitt werden Standards aus dem Bereich des Projektmanagements dargestellt. Dabei wird nur auf die in Deutschland gebräuchlisten Normen für „Single Project Management", also das Management eines einzelnen Projekts, eingegangen. „Exoten" sowie Normierungen für das Programm- und Multiprojektmanagement werden aufgrund der Zielsetzung dieser Untersuchung ausgeklammert. Behandelt werden die deutschen PM-Normen der DIN, der ProjektManager der GPM sowie der PMBOK Guide des PMI.

Zur Klärung wird eine Begrifflichkeit bereits hier näher erläutert. Der „Project Management Body of Knowledge" (PMBoK) ist grundsätzlich das gesamte Wissen und der gesamte Erfahrungsschatz aller Projektmanager weltweit, also der PM-Wissens- und Erfahrungskanon. Konkret ist dieser Wissensschatz natürlich nicht zu greifen sondern kann nur als abstrakte, diffuse „Wissensmasse" begriffen werden. Die deutsche Fassung des PMBOK Guide übersetzt den Begriff „Project Management Body of Knowledge" mit „Die Gesamtheit des Projektmanagementwissens" (vgl. [PMBOK03, S. 3]). Der vom PMI herausgegebene „A Guide to the Project Management Body of Knowledge" (PMBOK Guide) stellt den allgemein als bewährte Praxis anerkannten Teil dieses Wissens als PM-Standard zur Verfügung (vgl. [PM06b] und [PMBOK03, S. 3]). Somit müsste streng genommen zwischen dem „PMBoK" und dem „PMBOK Guide" unterschieden werden, was in der Praxis jedoch häufig nicht geschieht. Die GPM verzichtet inzwischen bei ihren Veröffentlichungen auf Untertitel wie „Der deutsche Zugang zum Project Management Body of Knowledge" wie beim PM-Kanon, der ein eigener PM-Standard ist. Denn gemeint war hier der abstrakte „PMBoK", von interessierten Lesern wurde dies aber häufig missgedeutet: man vermutete hier ein deutsches Werk zum „PMBOK Guide" des PMI.

2.2.1.1 Deutsche Projektmanagementnorm (DIN)

Das Deutsche Institut für Normung e.V. (DIN) gibt bereits seit mehreren Jahrzehnten grundsätzlich verbindliche Normen auch für den Bereich des Projektmanagements heraus. Die folgende Tabelle gibt eine Übersicht über die relevanten Normen:

Norm	Titel	Inhalt	Jahr
DIN 69900 Teil 1 und 2	Netzplantechnik Begriffe / Darstellungstechnik	Begriffe der Netzplantechnik wie Meilensteinplan etc.	1987
DIN 69901	Projektmanagement Begriffe	Allgemeine Begriffe des PM wie z. B. Arbeitspaket	1987
DIN 69902	Einsatzmittel Begriffe	Begriffe des Ressourcenmanagement und z. T. der Aufwandsschätzung	1987
DIN 69903	Kosten und Leistung, Finanzmittel	Begriffe des Kosten- und Finanzmittelmanagements sowie des Projektcontrollings	1987
DIN 69904	Projektmanagementsysteme, Elemente und Strukturen	Richtlinien zur Gestaltung eines Führungs- und Handlungsmodells im PM	2000
DIN 69905	Projektabwicklung Begriffe	Begriffe des PM, Ergänzung der DIN 69901	1997

Tabelle 2-1: DIN-Normenfamilie Projektmanagement
(vgl. [Ang04, S.2])

Während die weiter unten dargestellten PM-Standards der GPM und des PMI aus den Jahren 2005 und 2004 stammen, sind einige der DIN-Normen bereits fast 20 Jahre alt. Sie definieren zwar einige grundlegend wichtige Begriffe, entsprechen aber durch ihre starke Orientierung an der Netzplantechnik und der teilweisen Überregulierung einiger Bereiche wie des Finanzmittelmanagements nicht mehr den heutigen Bedürfnissen. Nur die DIN 69904 genügt den aktuellen Ansprüchen, stellt Angermeier fest (vgl. [Ang06, S.1]). Aus diesem Grunde werden die Normen momentan überarbeitet; die Veröffentlichung soll 2007 erfolgen. Zukünftig soll dann nur noch die „DIN 69901 Projektmanagementsysteme" mit fünf Teilen bestehen (Grundlagen, Begriffe, Prozesse, Methoden, Datenmodell).

Die neue Norm soll nicht mehr „nur" Begriffe normieren, sondern einen vollständigen Durchlauf eines Projekts aus PM-Sicht enthalten. Ausgehend von einer Abfolge von PM-Prozessen schlägt sie Methoden vor und definiert Begriffe. Schließlich wird auch ein einheitliches Datenmodell zum Austausch zwischen unterschiedlichen PM-Softwareprodukten entwickelt (vgl. [Obels06, S. 41ff]).

Damit kann die DIN-Norm nach ihrer Neuauflage als vollwertiger PM-Standard bezeichnet werden, an deren Prozessen, Methoden und Begriffen ein Unternehmens-PM ausgerichtet werden kann. In der noch gültigen Fassung der Normen können hauptsächlich die einheitlichen Begriffsdefinitionen als Zusatz zu einer individuellen PM-Ausrichtung oder als Konkretisierung eines Projektmanagementsystems auf Basis eines der im Folgenden dargestellten PM-Standards genutzt werden.

2.2.1.2 ProjektManager

Der internationale PM-Dachverband International Project Management Association (IPMA) gibt den internationalen PM-Kanon IPMA Competence Baseline (ICB, vgl. [Caup+99]; die neueste dritte Auflage soll im Sommer 2006 erscheinen) heraus, welcher einerseits die fachliche Grundlage für die international vereinheitlichten PM-Zertifizierungen (→Abschnitt 2.3.3.2) darstellt, andererseits aber auch die Grundlage für nationale Adaptionen dieses Kanons (National Competence Baseline, NCB) sein kann (vgl. [ScKnCa05], S.3]). Hierdurch wird eine international einheitliche Basis geschaffen, die sowohl für sich von Bedeutung ist, aber auf der auch lokale Standards, Kanons und Zertifizierungssysteme aufbauen können. Da in diesem Buch der Fokus auf dem Projektmanagement in deutschen Unternehmen liegt, wird im Weiteren nur noch auf die Veröffentlichungen der deutschen Vertreterin in der IPMA, der Deutschen Gesellschaft für Projektmanagement e.V. (GPM), Bezug genommen.

Die GPM hat „beschlossen, die ICB als nationale Competence Baseline für die Zertifizierung von Projektpersonal zu nutzen" ([ScOtPf05, S.19]). Sie dient sowohl als normatives Dokument für die Kompetenz im Projektmanagement als auch als Basis für die PM-Zertifizierungen der GPM. Darauf aufbauend veröffentlicht die GPM seit Januar 2005 ihr Standardwerk „ProjektManager" (vgl. [ScOtPf05]), welches seit 2006 auch in englischer Sprache („Project Manager", vgl. [ScOtPf06]) vorliegt. Vorläufer als Lehrbuch war der von 1991 bis 2004 in insgesamt acht Auflagen veröffentlichte „Projektmanagement Fachmann" (PM Fachmann, vgl. [GPM04a]).

Bis zum Erscheinen des „ProjektManager" wurde eine eigene deutsche NCB, der Projektmanagement-Kanon (PM-Kanon, vgl. [MoPa02]), herausgegeben (vgl. [MoPa02, S.8]). Als Ersatz hierfür erscheint seit 2005 die „ProjektManager Taxonomie" (vgl. [BaOtSe05]).

Den in der ICB beschriebenen 42 Projektmanagement-Kernelementen werden im „ProjektManager" und in der „ProjektManager Taxonomie" sechs Bausteinen zugeordnet. Aus der Auflistung wird deutlich, dass hier versucht wird, möglichst alle Aspekte des Projektmanagement abzudecken:

- A – Projekt und Umfeld
- B – Vorgehensmodelle
- C – Operatives Projektmanagement
- D – Menschen im Projekt
- E – Einzelprojekt und Projektlandschaft
- F – Projektmanagement einführen und optimieren

Ziel der GPM ist es, mit dem „ProjektManager" einen Standard zu etablieren, an dem sich die weitere PM-Entwicklung national und international orientieren soll. Der „ProjektManager" steht damit in gewisser Konkurrenz zum „A Guide to the Project Management Body of Knowledge" („PMBOK Guide") des Project Management Institute (PMI).

2.2.1.3 A Guide to the Project Management Body of Knowledge (PMBOK Guide)

Der „PMBOK Guide" entsteht durch die Sammlung praktischen Erfahrungswissens von Projektmanagern weltweit und stellt eine Systematik von Prozessen für die Arbeit in Projekten dar. Zusammengetragen wird dieses Erfahrungswissen (der „Body of Knowledge") vom Project Management Institute (PMI). Freiwillige Mitglieder des PMI stellen die Redaktion für den PMBOK Guide, welcher zuletzt 2004 neu erschienen ist (vgl. [PMBOK04]). Auf Basis des ursprünglich in englischer Sprache verfassten Originals erstellen lokale PMI-Mitglieder dann eine Reihe von Übersetzungen, unter anderem ins Deutsche.

Der PMBOK Guide kann als internationaler PM-Standard gesehen werden und ist in den USA als ANSI-Standard „ANSI/PMI 99-001 2004" normiert. Darüber hinaus stellt der PMBOK Guide auch den größten Teil der fachlichen Grundlage für die vom PMI angebotenen Zertifizierungen dar.

Der PMBOK Guide stellt eine streng prozessorientierte Sicht auf Projektmanagement dar. Es werden fünf Prozessgruppen unterschieden, die sich am Projektlebenszyklus orientieren (Initiierungs-, Planungs-, Ausführungs-, Steuerungs- und abschließende Prozesse), die wiederum eine bestimmte Menge von Prozessen beinhalten. Jeder Prozess hat mehrere definierte „Inputs", die mittels definierter „Tools and Techniques" bearbeitet werden und schließlich definierte „Outputs" erzeugen. Die einzelnen Prozesse sind von ihrem inhaltlichen Schwerpunkt zudem einem von neun Wissensgebieten zugeordnet:

- Integrationsmanagement
- Inhalts- und Umfangsmanagement (Scope Management)
- Terminmanagement
- Kostenmanagement
- Qualitätsmanagement
- Personalmanagement
- Kommunikationsmanagement
- Risikomanagement
- Beschaffungsmanagement

Von Bedeutung ist weiterhin, dass der PMBOK Guide vor allem die Prozesse und ihre Zusammenhänge darstellt (das „Was"), den Fokus aber weniger auf konkrete Methoden (das „Wie") legt. Eine individuelle Ausgestaltung des Standards für den konkreten Einsatz ist also notwendig. Dies bedeutet andererseits aber auch, dass das Unternehmen in der Methodenauswahl größtenteils frei ist.

Der Schwerpunkt der im PMBOK Guide definierten Prozesse liegt auf den Planungsprozessen und auf „harten" Wissensgebieten (z. B. Planung, Controlling), was auch die Auflistung der Wissensgebiete zeigt. Die enthaltenen „weichen" Wissensgebiete (z. B. Kommunikation, Führung) nehmen, trotz Erweiterung dieser in der letzten Überarbeitung 2004, nur einen geringen Anteil am Gesamtwerk ein. Dies ist neben der teilweise starken Postulierung von Verfahren des Operations

Research zur Projektplanung und –steuerung der am häufigsten geäußerte Kritikpunkt am PMBOK Guide (vgl. z. B. [Schel03]).

2.2.1.4 Vergleich der vorgestellten PM-Standards

Sowohl ProjectManager als auch PMBOK Guide sind eine systematisierte Sammlung von Expertenwissen – die dort niedergelegten Erfahrungswerte dürfen jedoch nicht als absolut angesehen werden. GPM und PMI bringen dies durch die Betitelung ihrer Standardwerke zum Ausdruck. Im Gegensatz dazu steht die deutsche DIN-Normenfamilie zum Projektmanagement, die – auch wenn sie inzwischen teilweise veraltet ist – grundsätzlich ihren normativen Anspruch klar zum Ausdruck bringt.

Während der „ProjectManager" vor allem als umfassendes PM-Grundlagenwerk konzipiert ist, konzentriert sich der „PMBOK Guide" auf die komprimierte Darstellung der PM-Prozesse für ein einzelnes Projekt. Durch diesen grundsätzlichen Unterschied ist die Konkurrenz zwischen „ProjectManager" und „PMBOK Guide" also eher wahrnehmungsbedingt als inhaltlich begründet (vgl. [PM06a]).

Die DIN-Normenfamilie bietet sich, zumindest in ihrer heute aktuellen Form, vor allem als zusätzliche Grundlage zur „Begriffsnormierung" an.

2.2.2 Abgrenzung zu PM-Reifegradmodellen

Während die oben dargestellten PM-Standards bei der Ausgestaltung eines individuellen Projektmanagementsystems leiten und unterstützen sollen, dienen Projektmanagement-Kompetenzmodelle und Projektmanagement-Reifegradmodelle dazu, Aussagen zur Güte eines konkreten Projektmanagementsystems zu machen und Verbesserungspotenziale zu identifizieren (vgl. [AhScTe05 ,S. 9]).

Ahlemann et al. definieren den Unterschied zwischen Kompetenz- und Reifegradmodellen wie folgt ([AhScTe06, S. 14f]):

- „Ein Kompetenzmodell dient der Beurteilung, inwieweit ein Kompetenzobjekt die für eine Klasse von Kompetenzobjekten allgemeingültig definierten qualitativen Anforderungen erfüllt. Hierzu wendet ein Assessor Informationserhebungs- und Analysemethoden unter Einbeziehung von Informationslieferanten an. Das Ergebnis wird Modellempfängern für ihre Zwecke zu Verfügung gestellt."

- „Ein Reifegradmodell (Maturity Model) ist ein spezielles Kompetenzmodell, das unterschiedliche Reifegrade definiert, um beurteilen zu können, inwieweit ein Kompetenzobjekt die für eine Klasse von Kompetenzobjekten allgemeingültig definierten qualitativen Anforderungen erfüllt."

Inzwischen existieren mehr als 30 verschiedene Kompetenz- und Reifegradmodelle für das Projektmanagement. Die höchste Verbreitung haben in Deutschland folgende Modelle (nach Ahlemann et al., vgl. [AhScTe06, S.24ff]):

- Das „Capability Maturity Model Integration" (CMM-I) des Software Engineering Institute (SEI), erstmals veröffentlicht 2000
- Das „Kerzner Project Management Maturity Model" (PMMM) von Harold Kerzner, erstmals veröffentlicht 2001
- Das „Organizational Project Management Maturity Model" (OPM3) des PMI, erstmals veröffentlicht 2003 – basierend auf dem „PMBOK Guide"
- „PM Delta" von der GPM, erstmals veröffentlicht 1999 bzw. 2003 als Selbstdiagnose-Software „PM Delta Compact" – basierend auf den DIN-Normen, der ICB und dem Vorgänger des ProjektManagers, dem PM-Kanon.

Zumeist steht am Ende des Beurteilungsvorgangs, welche sowohl durch das Unternehmen selbst als auch durch Externe wie Unternehmensberatungen oder Fachverbände vorgenommen werden kann, eine Einstufung der Organisation in einen Reifegrad der Stufe 1 bis 5. Dabei steht 1 für den niedrigsten (PM ist eine individuelle, nicht in der Organisation verankerte Fähigkeit) und 5 für den höchsten Reifegrad (Die Organisation betreibt aus sich heraus einen kontinuierlichen Lern- und Verbesserungsprozess im PM - vgl. [PM06c]).

Ein grundsätzlicher Kritikpunkt an den meisten Reifegradmodellen ist die fehlende Berücksichtigung der „weichen Faktoren", d. h. es wird der Reifegrad von Organisationen, nicht aber der in den Projekten agierenden Personen ermittelt. Vor diesem Hintergrund wurde das Capability Maturity Modell (CMM) unlängst in Form des People Capability Maturity Model (CMM-P) weiterentwickelt (vgl. [Schel06, S. 31]).

2.2.3 Abgrenzung zu Vorgehensmodellen

„Vorgehensmodelle beschreiben den idealtypischen Umfang und Ablauf der Aktivitäten, die zur Erreichung eines Projektziels erforderlich sind. Sie geben damit einen Rahmen vor, mit dem ein Projekt strukturiert und durchgeführt werden kann. In der Regel enthalten sie Aussagen zu den Projektphasen und Meilensteinen, den Zwischenergebnissen, den Arbeitsschritten und deren Zuständigkeiten sowie den anzuwendenden Standards, Richtlinien, Methoden und Werkzeugen in einem Projekt" ([Seib06, S. 45]). Somit gibt ein Vorgehensmodell einen erheblich detaillierteren Rahmen des Projektmanagementsystems einer Organisation vor als dies PM-Standards tun.

Vorgehensmodelle können branchenspezifisch (z. B. HOAI und VOB für das Baugewerbe), auf einen bestimmten Anwendungsfall zugeschnitten (z. B. V-Modell und „eXtreme Programming" für die Softwareentwicklung), für eine bestimmte Zielsetzung des Projekts (z. B. „Six Sigma" für „Null-Fehler-Optimierung") oder grundsätzlich universell einsetzbar sein (z. B. PRINCE2).

Die Ausgestaltung der Projektmanagement-Aspekte in den einzelnen Vorgehensmodellen ist sehr unterschiedlich und soll hier nicht im Detail betrachtet werden, die begriffliche Abgrenzung soll an dieser Stelle ausreichen.

2.3 Projektmanagement-Zertifizierung und –Qualifizierung

Zum Themenbereich der PM-Zertifizierung und –Qualifizierung wird zunächst untersucht, welche Anforderungen an Projektmanager gestellt und wie diese durch Qualifizierungsmaßnahmen erfüllt werden können. Anschließend werden PM-Zertifizierungen im Detail dargestellt sowie die Bedeutung von projektorientierten Laufbahnmodellen untersucht.

2.3.1 Anforderungen an Projektmanager

Eine Vielzahl von Autoren hat sich in den letzten Jahren mit dem Thema der notwendigen Kompetenzen und Erfahrungen von Projektmitarbeitern und Projektmanagern auseinander gesetzt. Eine „universelle Theorie" oder ein einheitliches Meinungsbild hierzu scheint es jedoch nicht zu geben (vgl. [VW03, S. 30]). Nach Dworatschek und Meyer (vgl. [DwoMey01, S. 313ff]) gewinnen „weiche Faktoren" (wie Kommunikation, soziale Kompetenz und Projektkultur) an Relevanz, während Fach- und Methodenkompetenz des Projektleiters heute nicht mehr als allein ausreichend für den Projekterfolg gelten. Pointiert beschreibt Kellner die Rolle des Projektleiters, an der sich die Anforderungen auszurichten haben, als „Kindergärtner, Dompteur, Wahrsager, Schildkröte, Eichhörnchen und Ameise" (vgl. [Kell94, S.38]).

Die folgende Tabelle zeigt unterschiedliche Auflistungen von Anforderungen an Projektmanagern verschiedener Autoren; die Aufstellung könnte beinahe beliebig verlängert werden, da sich in nahezu jedem PM-Buch eine ähnliche Aufstellung findet.

Lang/Rattay (vgl. [LaRa05, S. 92ff])	„ProjektManager" (vgl. [ScOtPf05, S. 321])	Kerzner (vgl. [Kerz06, S. 147ff])
• Planungsgeschick und Qualitätsorientierung	• Fachkompetenz	• Team building
• Analysefähigkeit und Prozessorientierung	• Methodenkompetenz	• Leadership
• Kundenorientierung	• Organisationskompetenz	• Conflict resolution
• Ergebnisorientierung	• Sozialkompetenz	• Technical expertise
• Entscheidungsfähigkeit		• Planning
• Durchsetzungsstärke		• Organization
• Führungs- und Teamfähigkeit		• Entrepreneurship
• Kommunikationsfähigkeit (Networking Skills)		• Administration
• Methodenkenntnisse des Projektmanagements		• Management support
• Fachkompetenz (betriebswirtschaftliche, juristische und Sprachkenntnisse)		• Resource allocation

Tabelle 2-2: Projektmanager-Anforderungsprofile

Die geforderten Eigenschaften sind vielfach Wunschprofile und in perfekter Ausprägung wohl nur selten in einer Person des „perfekten Projektmanagers" zu vereinen: „Erfahrene Fachleute aus dem Personalbereich betonen allerdings, dass solche Wunschkataloge eher unrealistisch sind und allenfalls als Richtschnur für betriebliche Personalentwicklungsmaßnahmen dienen können" ([ScOtPf05, S. 322]). Kerzner schreibt dazu: „This ideal project manager would probably have doctorates in engineering, business, and psychology, and experience with ten different companies in a variety of project office positions, and be about twenty-five years old. Good project managers in industry today would probably be lucky to have 70 to 80 percent of these characteristics" ([Kerz06, S. 145]). Vor diesem Hintergrund werden Anforderungsprofile in dieser Untersuchung betrachtet.

Die intensive Beschäftigung mit diesem Thema erscheint insofern lohnenswert, als dass sowohl in der Praxis als auch in der Literatur (vgl. z. B. zuletzt Jurisch und von Zitzewitz) immer wieder darauf hingewiesen wird, dass „ein wesentlicher Erfolgsfaktor für ein gelungenes Projekt (...) die Zusammenstellung eines erfolgreichen Projektteams [ist]" ([JurZit06, S. 21]). Das Anforderungsprofil für die jeweiligen Rollen im Projektteam stellt die Basis für die Personalauswahl dar. Hierbei stellt sich regelmäßig die Frage, wie die Erfüllung bestimmter Wunscheigenschaften durch die Kandidaten sichergestellt werden kann. Es bieten sich verschiedene Verfahren wie die Selbsteinschätzung der Kandidaten, Kundenreferenzen, Arbeitszeugnisse, Schulungszertifikate, Assessment Center oder entsprechende Zertifizierungen an. Deren Tauglichkeit wird jedoch sowohl in der Praxis als auch in der Literatur teilweise kontrovers disktutiert.

2.3.2 Qualifizierung: Aus- und Weiterbildungsmöglichkeiten im PM

„Erfahrungen aus Sicht der Literatur zeigen, dass Mitarbeiter in der Praxis häufig mit geringem, angelerntem Wissen mit Projektarbeiten und PM-Aufgaben konfrontiert werden. Bei der Planung wird dann in der Regel ohne standardisierte und wissenschaftlich fundierte Methoden improvisiert" ([VW03, S. 37]).

Das Problem erstaunt auf den ersten Blick, da vielfältige Möglichkeiten zur Aus- und Weiterbildung im Projektmanagement existieren. Diese sollen hier kurz in ihrer Bedeutung für die Standardisierung und Zertifizierung betrachtet werden.

Anbieter bzw. Träger von Qualifizierungsmaßnahmen im Projektmanagement sind üblicherweise:

- Innerbetriebliche Weiterbildungs- bzw. Personalabteilungen
- Kommerzielle Schulungsunternehmen und Weiterbildungsinstitute
- Unternehmensberatungen
- Hochschulen
- Fach- und Berufsverbände

Des Weiteren können Qualifizierungsmaßnahmen danach unterschieden werden, ob sie „offen" am Markt für jedermann angeboten werden oder als „Inhouse"-Schulung nur einem geschlossenen Teilnehmerkreis zur Verfügung stehen. Im Unternehmen standardisierte Ausbildungen haben den Effekt, dass die einheitliche Ausbildung zu einem vergleichbaren Wissensstand der Mitarbeiter führt – auf Kosten einer individuellen Aus- und Weiterbildungsplanung.

PM-Qualifizierungen können überdies entweder „für sich" als gezielte Einzelmaßnahme oder in Form eines Qualifizierungsprogramms, z. B. im Zusammenhang mit PM-Karrierelaufbahnen oder als integriertes Angebot von Qualifizierungsmaßnahme und anschließender PM-Zertifizierung stehen.

Neben der praktischen Erfahrung und „weichen Faktoren" wie Führungs- und Kommunikationsqualitäten sind passende Qualifizierungsmaßnahmen ein wichtiger Aspekt der Qualifizierung von Projektleitern. Berleb stellt hierzu fest, dass „qualifizierte Mitarbeiter und unternehmensweit festgelegte Standards für Projektmanagement unbedingte Voraussetzungen sind, ohne die ein dauerhafter Erfolg nicht gewährleistet werden kann" ([Berl05, S.2]).

2.3.3 Projektmanagement-Zertifizierungen

Im folgenden Abschnitt werden die in Deutschland von den Zahl der Zertifizierten her bedeutendsten PM-Zertifizierungssysteme vorgestellt. Hierbei handelt es sich um die Angebote

- der Deutschen Gesellschaft für Projektmanagement (GPM), die nationale Ausprägung des internationalen Four-Level-Certification-System (4-L-C) der International Project Management Association (IPMA) und
- des Project Management Institute (PMI).

Andere Zertifizierungssysteme werden zur Abgrenzung nur kurz skizziert.

Die aktuelle (Stand 31. 12. 2005) Verbreitung der beiden führenden Systeme in Deutschland stellt folgendes Diagramm dar:

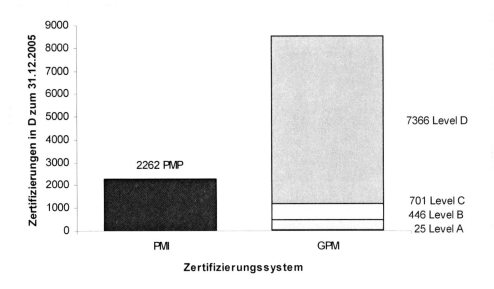

Abbildung 2-2: Verbreitung der PMI- und GPM-Zertifizierungen
(Quelle: Information von PMI und GPM auf schriftliche Nachfrage)

Hieraus geht hervor, dass das Zertifizierungssystem der GPM mit insgesamt 8.538 Zertifikanten das mit Abstand dominierende System in Deutschland ist. Im weltweiten Vergleich stellt sich dieses Bild im Übrigen umgekehrt dar: Weltweit wurden ca. 180.000 PMI-Zertifizierungen vergeben, aber weniger als 40.000 Zertifizierungen nach IPMA. Hierfür gibt es zwei Gründe: Erstens ist Deutschland eines der Ursprungsländer der IPMA-Zertifizierungen und zweitens hat das PMI allgemein, aber auch sein Zertifizierungssystem, außerhalb von Europa - insbesondere in den Vereinigten Staaten - eine erheblich höhere Bedeutung als die IPMA.

2.3.3.1 Zertifizierungssystem der GPM/IPMA

Das Zertifizierungssystem der Deutschen Gesellschaft für Projektmanagement (GPM) ist die in Deutschland angebotene Ausgestaltung der internationalen IPMA-Zertifizierung. Die IPMA hat 1998 mit dem „IPMA Four-Level Certification System" (4-L-C) einen weltweit einheitlichen Rahmen für nationale Zertifizierungssysteme geschaffen. Diese nationalen Zertifizierungssysteme richten sich inhaltlich an der ICB aus. Es gibt keine „IPMA-Zertifizierung", diese ist lediglich der gemeinsame Rahmen für die Zertifizierungen der einzelnen nationalen Verbände. Die Zertifikate werden aber weltweit wechselseitig anerkannt. Da der Fokus dieser Untersuchung auf Deutschland liegt, wird im Weiteren auf das Zertifizierungssystem der GPM Bezug genommen.

Die GPM-Zertifizierung kann in einer von vier Niveaustufen absolviert werden; IPMA und GPM sprechen von „Level" A, B, C und D, wobei Level A die höchste und der Level D die niedrigste Stufe darstellt. Die Stufen können nacheinander durchlaufen oder direkt absolviert werden. Die GPM verleiht nach erfolgreicher Prüfung („Assessment") für jeden Level einen Titel, welche in folgender Tabelle aufgeführt sind:

IPMA Level	Internationale Bezeichnung	Verliehener GPM-Abschluss
Level A	Certified Projects Director	Zertifizierter Projektdirektor
Level B	Certified Project Manager	Zertifizierter Projektmanager
Level C	Certified Project Management Professional	Zertifizierter Projektleiter
Level D	Certified Project Management Practitioner	Zertifizierter Projektmanagement-Fachmann

Tabelle 2-3: IPMA-Zertifizierungslevel und GPM-Abschlüsse

Zertifizierungen der Einstiegsniveaus (Level D) sind in Deutschland mit Abstand am weitesten verbreitet (ca. 7.400 Zertifikate von insgesamt ca. 8.500).

Der übliche Weg der Prüfungsvorbereitung auf den Level D ist ein entsprechender Lehrgang, welcher nur Trainern angeboten werden darf, die von der GPM als „PM-Trainer (GPM)" lizenziert sind. Die Qualifizierungsmaßnahme umfasst einige Seminare und Selbststudiumsphasen. Prüfung und Zertifizierung, das so genannte Assessment, durch die Zertifizierungsstelle der GPM (PM-ZERT) folgen im Anschluss. Grundsätzlich ist es auch möglich, die GPM-Zertifikate ohne vorherige

Lehrgänge zu erlangen, sofern die notwendigen Voraussetzungen zur Prüfungszulassung erfüllt werden.

Die Zahl der weltweit nach dem IPMA-System Zertifizierten hat in den vergangenen Jahren stark zugenommen. Während 2001 nur 4.269 Personen weltweit eine IPMA-Zertifizierung innehatten, waren es 2005 bereits 45.460; die IPMA rechnet momentan mit einem weiteren jährlichen Zuwachs von 30 Prozent (vgl. [SchKno06, S. 16ff]).

Die Kosten für eine Zertifizierung nach GPM/IPMA hängen vom gewählten Level ab und betragen zwischen 650 Euro für das Level D- und 2.500 Euro für das Level A-Zertifikat. Hinzu kommen noch die Kosten für die Vorbereitungsseminare. Für ein 12-tägiges Seminarpaket für Level D fallen ungefähr 4.000 Euro an.

Als zusätzlichen Zeitaufwand für das Selbststudium können ungefähr 100 Stunden angenommen werden, sodass sich die gesamte Zeitinvestition auf etwa 180 Stunden beläuft.

Die fachliche Basis der Zertifizierung teilt sich in die Beurteilungsgrundlage "ProjektManager Taxonomie" und das Lehrbuch "ProjektManager".

Der Ablauf der Zertifizierung ist vom angestrebten Zertifikatslevel abhängig. Im Anhang E sind die unterschiedlichen Verfahrensschritte detailliert dargestellt. Die wichtigsten Eigenschaften sind:

- Zur Prüfungszulassung ist in jedem Fall eine mindestens 13-jährige Schul- und Berufsausbildung erforderlich, bei den Level C bis A werden detaillierte Angaben über die bisherige Erfahrung im Projektmanagement verlangt.

- Die Prüfung setzt sich aus mehreren Bestandteilen zusammen. Eine schriftliche Prüfung wird je nach Level ergänzt durch einen Transfernachweis (Bearbeitung eines fiktiven oder realen Projekts mit den erlernten Methoden und dessen Dokumentation), eine Fallstudienarbeit im Workshop und/oder eine Projektstudienarbeit mit Literaturarbeit („Literaturkonspekt", d. h. eine Fachbuch- und Fachartikel-Besprechung mit Präsentation).

- Jedes Prüfungsverfahren beinhaltet ein persönliches Prüfungsgespräch zwischen zwei Assessoren und dem Prüfling.

- Das Level D-Zertifikat bleibt lebenslang gültig, für die Level A, B und C ist eine kostenpflichtige Rezertifizierung nach drei bzw. fünf Jahren vorgeschrieben.

2.3.3.2 Zertifizierungssystem des PMI

Das Project Management Institute (PMI) bietet ein zweistufiges Zertifizierungsprogramm an:

- „Project Management Professional" (PMP) für erfahrene Projektleiter.
- „Certified Associate in Project Management" (CAPM) als Einstiegslevel für Projektmitarbeiter oder Berufsanfänger ohne mehrjährige Projektmanagement-Erfahrung.

Weltweit sind momentan (Stand Juni 2006) ca. 192.000 Personen als PMP und ca. 1.000 Personen als CAPM zertifiziert. Das PMI verzeichnet bei seinen Zertifizierungen einen Zuwachs von etwa 40 Prozent pro Jahr. In Deutschland gibt es etwa 2.300 zertifizierte PMPs (vgl. [PMI06a]). Das Zahlenverhältnis macht bereits deutlich, dass die PMI-Zertifizierungen weltweit führend, in Deutschland jedoch nicht so stark vertreten sind wie die GPM-Zertifizierungen.

Die reinen Prüfungskosten (ohne Prüfungsvorbereitung) für die Zertifizierung belaufen sich beim PMP auf ca. 450 € und beim CAPM auf ca. 250 €. Es handelt sich hier um Circa-Werte, da der tatsächliche Preis abhängig ist von einer eventuellen PMI-Mitgliedschaft sowie dem aktuellen US-$-Wechselkurs.

Die fachliche Basis der Prüfungen ist vor allem der „PMBOK Guide" und der „PMI PMP Code of Professional Conduct" (eine Art Berufsethik). Diese sind aber nicht alleine ausreichend, es werden auch weiterführende Fragen gestellt, die das allgemeine PM-Wissen testen.

Für beide PMI-Zertifikate ist das Abitur oder eine andere 13jährige Berufs- und Schulbildung Voraussetzung. Zudem werden weitere Anforderungen, z. B. der Besuch von PM-Seminaren in einem gewissen Umfang, ein Hochschulstudium sowie Erfahrung im Projektmanagement und in der Leitung von Projekten gestellt. Detailliert finden sich diese Voraussetzungen im Anhang F.

Die Art der Prüfungsvorbereitung ist bei der PMI-Zertifizierung völlig freigestellt. Es existieren vielfältige Angebote in Form von Büchern, E-Learning, Seminaren oder Prüfungsvorbereitungsgruppen. Von der Wahl der Prüfungsvorbereitung hängen die Gesamtkosten der Zertifizierung maßgeblich ab. Sie schwanken zwischen etwa 100 Euro für den Kauf einiger Bücher und mehreren Tausend Euro für die Teilnahme an Seminaren. Hinzu kommen die oben erwähnten Prüfungsgebühren.

Auch der Zeitaufwand für die Prüfungsvorbereitung hängt neben der bisherigen Erfahrung im PM und Vorkenntnisse des PMBOK Guide von der Art der Vorbereitung ab. In der Regel wird von 120 bis 240 Stunden Vorbereitungszeit ausgegangen.

Die Prüfung findet computerbasiert in einem Testcenter statt. Die Prüfung selbst besteht aus 200 (PMP) bzw. 150 (CAPM) Multiple-Choice-Fragen, in denen die einzelnen PMBOK Guide-Wissensgebiete sowie Fragen der Berufsethik abgefragt werden.

Für die PMP- und CAPM-Zertifikate ist eine Rezertifizierung nach drei bzw. fünf Jahren vorgeschrieben. Beim CAPM ist vorgesehen, dass der Absolvent nach fünf Jahren die Zertifizierung zum PMP anstrebt. Um den PMP-Status zu erhalten, muss der Zertifikant keine neue Prüfung ablegen, sondern seine Tätigkeit und Weiterentwicklung im Projektmanagement nachweisen. Dies kann z. B. durch den Besuch von Seminaren, die Veröffentlichung von PM-Fachartikel oder praktische Erfahrungen geschehen. Die Rezertifizierung ist kostenpflichtig (vgl. [PMI06b]).

2.3.3.3 Andere Zertifizierungssysteme

Weitere in Deutschland, wenn auch weniger häufig, genutzte Zertifizierungssysteme sind:

- Firmenindividuelle Zertifizierungssysteme
- Projektingenieur des Verbands Deutscher Ingenieure e.V. (VDI)
- IT-Projektkoordinator der Cert-IT
- Zertifizierungen des PM-Vorgehensmodells PRINCE2 (PRojects IN Controlled Environments 2)

Firmenindividuelle Zertifizierungen haben vor allem im Zusammenspiel mit einem projektorientierten Laufbahnmodell eine Bedeutung (vgl. [LaRa05, S. 138]). Sie haben den Vorteil, die firmeninternen Standards und PM-Handbücher als fachliche Grundlage nutzen und somit sehr individuell an die Bedürfnisse des Unternehmens angepasst werden zu können. Der Aufwand für den Aufbau eines solchen eigenen Systems ist jedoch nicht zu unterschätzen. Deshalb, und weil firmeninterne Zertifizierungen keine Außenwirksamkeit besitzen, orientieren sich zahlreiche Unternehmen an den „Standard"-Zertifizierungssystemen. Die interne Zertifizierung kann dann auch an die externe Zertifizierung gekoppelt sein. Hervorzuheben ist, dass im Rahmen von firmenindividuellen Programmen gezielt Schwachpunkte der „Standard"-Zertifizierungssysteme ausgeglichen werden können. So werden z. B. bei der DB Systems (dem IT-Dienstleiter der Deutschen Bahn) verstärkt auch Soft Skill Seminare, z. B. Mitarbeiterführung, ins System integriert (vgl. [Mesmer04]).

Der VDI, genauer die VDI-Gesellschaft Systementwicklung und Projektgestaltung (VDI-GSP), bietet ein integriertes Qualifizierungs- und Zertifizierungssystem an, welches zum Titel „Projektingenieur VDI" führt. Das Programm ist berufsbegleitend an insgesamt 24 Tagen im Rahmen von etwa einem Jahr zu absolvieren. Voraussetzung zur Teilnahme ist ein Hochschulabschluss in einer Ingenieur- oder Naturwissenschaft (vgl. [VDI02]). Aus diesem Grund ist diese Zertifizierung als spezialisiertes Nischenangebot zu sehen, bietet aber für seine Zielgruppe durch den von einer renommierten Institution verliehenen Titel einen großen Reiz.

Cert-IT ist die 2002 gegründete Personalzertifizierungsstelle im IT-Bereich, welche von den Sozialpartnern der IT-Industrie getragen wird (u. a. IG Metall, BITKOM, Gesellschaft für Informatik, ver.di) (vgl. [Cert06]). Insgesamt bietet die Cert-IT 29 Spezialistenzertifizierungen im Bereich der IT an, darunter auch eine für Projektmanagementtätigkeiten: den „IT Projektkoordinator". Aufgrund der Einschränkung auf IT-Projekte („IT Projektkoordinatoren leiten IT-spezifische Projekte oder Teilprojekte mit vorgegebenen Zielsetzungen und Ressourcenrahmen" [Cert02]), wird diese Zertifizierung hier nicht näher betrachtet. Festzuhalten ist aber, dass diese Zertifizierung ihre Ursprünge in der beruflichen Weiterbildung hat (z. B. im Meistersystem der Handwerkskammern) und dass die praktische Orientierung sehr hoch ist. Dies wird auch dadurch deutlich, dass ein „Ausbildungsprojekt" im Unternehmen verpflichtender Bestandteil der Zertifizierungen ist. Zahlen über die Verbreitung der Zertifizierungen liegen nicht vor.

Für das vor allem in Großbritannien und den Niederlanden verbreitete Projektmanagement-Vorgehensmodell PRINCE2 existiert ein zweistufiges Zertifizierungssystem („PRINCE2 Foundation Certificate" & „PRINCE2 Practitioner Certificate"). Wegen des direkten Bezugs auf das zugrunde liegende Vorgehensmodell erscheint diese Zertifizierung ebenfalls nur für eine begrenzte Zielgruppe interessant und wird hier nicht weiter betrachtet.

2.3.3.4 Vergleich der PM-Zertifizierungen von GPM und PMI

Neben dem gemeinsamen Ziel, durch die Zertifizierung von Projektmanagern die Schaffung einer einheitlichen Wissensbasis und dadurch die Professionalisierung im PM voranzutreiben, haben die Zertifizierungssysteme von IPMA/GPM und PMI auch einige Unterschiede. Die Bedeutendsten sollen hier gegenübergestellt werden (vgl. [Rath06a]); ein detaillierter Vergleich findet sich im Anhang F.

Die weiteren Zertifizierungssysteme sollen hier nicht beachtet werden, da sie entweder zahlenmäßig zu wenig bedeutsam sind oder ein „Vergleich" bei den firmenindividuellen Zertifizierungen wenig Sinn ergeben – dort ist jedes System per Definition unterschiedlich.

Die fachliche Grundlage der Zertifizierungsprüfung (vor allem der „PMBOK Guide" und der „ProjektManager") hat nicht nur Einfluss auf die Prüfungsinhalte, sondern auch auf die Aussage, die eine erfolgreiche Zertifizierung über den Inhaber derselben machen kann.

- Personen, welche nach dem IPMA/GPM-System zertifiziert sind, haben bestimmte Voraussetzungen (z. B. je nach Zertifikatslevel Nachweis von Projekterfahrung in Form von Projektkurzberichten, Transfernachweisen usw.) erfüllt und kennen die in ICB und im "ProjektManager" definierten Begriffe bzw. sind fähig, sie im richtigen Zusammenhang anzuwenden.
- Nach dem PMI-System zertifizierte Personen haben gezeigt, dass sie über das abstrakte Wissen des PMBoK sowie das spezielle Wissen des „PMBOK Guide" verfügen; die konkrete Form der Wissensaneignung spielt keine Rolle.

„Soft Skills" werden in beiden Zertifizierungssystemen sehr unterschiedlich berücksichtigt:

- Bei der GPM/IPMA-Zertifizierung werden Soft Skills mit in die fachliche Grundlage sowie in die Prüfung einbezogen. Zudem werden je nach Zertifikatslevel unterschiedlich lange praktische Erfahrungen im PM gefordert.

Ausgangssituation

- Im Rahmen der PMI-Zertifizierung sollen die Soft Skills hingegen ausschließlich implizit über den Nachweis von Erfahrungen in der Projektleitung sichergestellt werden.

Der für die Zertifizierung zu investierende Zeitaufwand und vor allem die Flexibilität in der Zeitplanung sind unterschiedlich.

- Durch die völlig freie Zeiteinteilung kann ein PMI-Zertifikat relativ unkompliziert berufsbegleitend erlangt werden. Die Art und Dauer der Vorbereitung ist dem Zertifikanten freigestellt. Dadurch können z. B. Projektpausen oder Phasen mit geringerem Arbeitsaufwand für die Vorbereitung genutzt werden. Mit An- und Abreise zum Ort der Prüfung sind maximal zwei Tage zu investieren.
- Zur Vorbereitung auf die Assessments für die GPM/IPMA-Zertifikate werden spezielle Seminare angeboten. Die Präsenzzeit für die Qualifizierung beträgt beim Level D mindestens neun, bei den Level C bis A mindestens vier Tage. Inklusive Reisezeiten beträgt der Aufwand für das Assessment zwei bis drei Tage. Alternativ ist die Anmeldung auf Assessments ohne vorbereitende Qualifizierung möglich, in diesem Fall ist der Interessent aber an einen Rahmenzeitplan der PM-ZERT gebunden, wann im Jahr welche Assessments stattfinden und bis wann welche Unterlagen eingereicht werden müssen.

Die Art der Zertifizierungsprüfung ist bei PMI und GPM/IPMA sehr unterschiedlich:

- Die PMI-Prüfungen sind computerbasierte Multiple-Choice-Tests. Es gibt keine mündliche Prüfung und keine vom Prüfling zu erstellenden weitergehenden Unterlagen.
- Die GPM/IPMA-Prüfungen bestehen aus einem schriftlichen Teil, der aus nur relativ wenigen Multiple-Choice-Fragen und vor allem aus offenen Fragen, Berechnungen und Aufgaben zu konkreten Problemen aus der Projektwelt besteht. Darüber hinaus muss der Bewerber bei den Level D, B und A eine Aufgabe zuhause eigenständig bearbeiten. Bei Level D handelt es sich dabei um einen Transfernachweis, bei den Level B und A um eine Projektstudien- und Literaturarbeit. Außerdem findet ein Prüfungsgespräch zwischen zwei PM-ZERT-Assessoren und dem Zertifikanten statt.

Es kann ferner nach primären Zielgruppen der Zertifizierungssysteme unterschieden werden:

- Die Zertifizierung von GPM/IPMA ist aufgrund der Orientierung an einem strukturierten Curriculum, welches die Grundlage für eine berufliche Weiterentwicklung schaffen soll, vor allem für zwei Personengruppen interessant: Personen, die eine Grundausbildung im Projektmanagement benötigen (Level D-Zertifikat mit Angebot einer integrierten Qualifizierung ist ohne vorherige PM-Erfahrung zu erlangen) sowie Projektmanager, die längerfristig im PM tätig sein wollen und eine karrierebegleitende Zertifizierung (Level C-A) suchen. Dadurch bietet sich dieses Modell auch zur Begleitung von mehrstufigen PM-Karrieremodellen an.
- Das PMI orientiert sich dagegen vor allem daran, bei den Zertifikaten die Fähigkeit sicherzustellen, Projekte nach den im „PMBOK Guide" definierten PM-Prozessen durchzuführen.

Das Ziel von GPM/IPMA ist also die Schaffung einer ganzheitlichen Berufsgrundlage für Mitarbeiter und Führungskräfte in Projekten und Projektorganisationen und einer umfassenden Qualifizierung und Zertifizierung. Dem PMI geht es stärker um die Vereinheitlichung der grundlegenden Prozesse des Projektmanagements und hauptsächlich um die Zertifizierung an sich. Dies ist der grundsätzliche Unterschied zwischen beiden Programmen. Beiden Organisationen geht es letztendlich um eine einheitliche Sprache im Projektmanagement.

2.3.4 Projektorientierte Personalentwicklung und Laufbahnmodelle

Die oben dargestellten Aspekte der PM-Qualifizierung und PM-Zertifizierung können ihren Nutzen nur dann vollständig erbringen, wenn sie nicht als individuelle Einzelmaßnahmen ohne Zielausrichtung durchgeführt werden, sondern Teil einer systematischen Personalentwicklung sind. Nur so kann beispielsweise gewährleistet werden, dass:

- Mitarbeiter ihren aktuellen und absehbaren zukünftigen Aufgaben entsprechend qualifiziert (mit Wissen und Erfahrung) sind,
- Erfahrungen und Vorkenntnisse mit Qualifizierungsmaßnahmen abgestimmt sind und somit als stimmiges Gesamtkonzept zur Personalentwicklung beitragen und

- leistungsstarke Mitarbeiter auf Dauer motiviert und im Unternehmen gehalten werden können.

Als Idealfall einer solchen Systematisierung wird in der Literatur und Praxis ein projektorientiertes Karriere- und Laufbahnmodell gesehen. Hierunter wird eine Fachlaufbahn im Projektmanagement, parallel zur „regulären" Führungslaufbahn und evtl. vorhandenen anderen Fachlaufbahnen, verstanden. Hierzu gehören vor allem (vgl. [LaRa05, S. 5]):

- Klar definierte Entwicklungsstufen
- Anforderungsdefinitionen, Qualifizierungsmöglichkeiten, Rollenbeschreibungen und Anerkennungssysteme je Entwicklungsstufe
- Zielvereinbarungs- und Vergütungsmodelle
- Eine Unternehmenskultur, die dieser Art von Laufbahn gegenüber positiv eingestellt ist
- Entlohnungs- und Anreizsysteme, die projekthaftes Arbeiten fördern

Schließlich können solche Karrieremodelle nach Meinung der Unternehmen, die sie einsetzen, auch positiv zum Projektmanagementsystem und dem Unternehmenserfolg als Ganzem beitragen. Gessler und Thyssen schreiben hierzu: „Ein projekt- und prozessorientiertes Unternehmen wird nicht allein von einer einheitlichen PM-Systematik getragen. Die Entwicklung der Projektprozesse bildete den (notwendigen) Anfang. Ohne Berufsprofile und ein attraktives Karrieremodell, das den Projektmitarbeitern eine institutionalisierte „Heimat" bietet und Perspektiven eröffnet, ist die Nachhaltigkeit der Maßnahmen nur schwer zu sichern" ([GesThy06, S. 22]).

2.4 Aktueller Stand der Diskussion

Aktuelle Studien über den Stand der Projektmanagement-Kompetenz deutscher Unternehmen zeichnen kein eindeutiges Bild. So kommt Hermann zu dem Schluss, dass die Bedeutung von PM in deutschen Unternehmen zwar bereits groß ist und in Zukunft noch weiter wachsen wird, stellt aber gleichzeitig fest, dass die PM-Kompetenzen in den Unternehmen sehr unterschiedlich weit entwickelt sind (vgl. [Herm05, S. 7]). Laut Gröger sind 87 Prozent aller Projekte in Deutschland als „Wertvernichter" einzustufen, die im Jahr 2002 150 Milliarden Euro verschwendet haben (vgl. [Grög04, S.9]). Die mangelnde Industriebeteiligung an dem DIN-

Normungsprozess für die neuen Projektmanagement-Normen wertet Angermeier als Anzeichen für eine noch immer geringe PM-Kompetenz in der deutschen Wirtschaft (vgl. [Ang06, S.2]).

Schließlich stellt Barcklow fest, dass noch nicht wissenschaftlich nachgewiesen ist, dass Unternehmen mit einer hohen Projektmanagementreife (die unter anderem eine PM-Standardisierung voraussetzt) auch einen wirtschaftlichen Vorteil daraus ziehen. Nur ein positiver Zusammenhang zwischen einem hohen Projektmanagementreifegrad und guten Projektleistungsparametern konnte kürzlich in einer in den USA durchgeführten Studie nachgewiesen werden. Eine monetäre Bewertung von sinkenden PM-Kosten und höherer Termin- und Budgettreue blieb aber aus (vgl. [Barck06, S.18]).

Aus diesem Grund soll für die in dem vorangegangenen Abschnitt dargestellten Kernaspekte dieser Untersuchung der aktuelle Diskussionsstand in Literatur und Praxis kurz dargestellt werden.

2.4.1 PM-Standardisierung

Eine Untersuchung des DIN aus dem Jahr 2000 kommt zu dem Ergebnis, dass Normen ganz allgemein Kostensenkungspotentiale bergen, überbetriebliche Normen positiv auf die Zusammenarbeit zwischen Unternehmen wirken und dass Normen für das gesamtwirtschaftliche Wachstum mindestens genauso wichtig sind wie Patente (vgl. [DIN00, S.12ff]).

Für den Bereich des Projektmanagements kommt eine Studie der VW Coaching aus dem Jahr 2003 zu dem Schluss, das der Nutzen von standardisierten Lösungen im Vergleich zu individuellen Lösungen noch nicht erkannt wurde ([VW03, S.42]). Auch eine aktuell laufende Studie an der Universität Osnabrück bestätigt dies: „Einerseits erwartet sich eine überwältigende Mehrheit der befragten Unternehmen einen Nutzen vom Einsatz vom PM-Standards, andererseits setzt nur eine Minderheit sie auch ein" ([Ang06, S.2]).

Wenn Projektmanagement standardisiert wird, scheint zudem die Unterstützung durch Tools noch verbesserungswürdig. Meyer kommt im Rahmen einer Studie von Software für PM-Aufgaben zu dem Schluss, dass die praktische Unterstützungsleistung der Software weit hinter den theoretischen Vorgaben in den Organisationen zurückbleibt. So setzen zwar alle Unternehmen PM-Software in irgendeiner Form ein, doch die in 75 Prozent der Fälle existierenden standardisierten

Vorgaben in Form von Projekthandbüchern werden nur in einem Drittel der Unternehmen auch durch die Software unterstützt (vgl. [Meyer05, S. 42ff]).

Zunehmend werden aber sowohl in der Praxis als auch in der Literatur neben der fördernden auch die hemmende Wirkung von Standards thematisiert und kritisch beleuchtet. So weist Ueberfeldt darauf hin, dass vor allem die richtige Dosierung von Standards in Abhängigkeit der konkreten Gegebenheiten wichtig ist und dass PM-Standards nur dann einen Nutzen haben, wenn sie von den Nutzern geachtet und beachtet werden (vgl. [Ueber06, S.59]). Einen Schritt weiter gehen Wiemeyer und Wohland, die die Ansicht vertreten, dass die existierenden PM-Methoden und –Standards für das Management komplexer Methoden nutzlos oder zumindest Nebensache seien. Die von komplexen Projekten gestellten Anforderungen können ihrer Meinung nach mit formalen Mitteln nicht gelöst werden (vgl. [Wiem06, S.1ff]).

2.4.2 PM-Zertifizierung

In der Literatur und Praxis wird eine zunehmende Bedeutung von PM-Zertifizierungen erwartet. Diese Annahme wird auch durch Studien sowie durch die erheblichen Wachstumsraten der großen Zertifizierungsanbieter gestützt. Lang und Rattay sprechen gar von „PM-Zertifizierung als geschäftsentscheidenden Kompetenznachweis" ([LaRa05, S.137]).

Zertifizierungen können die Personalauswahl vereinfachen und für eine gewisse Mindestqualität sorgen, ein Allheilmittel sind sie nach Dostal jedoch nicht. Dieser fasst die Auswirkungen von Zertifizierungen auf die Arbeitsmärkte wie folgt zusammen: „Für das PM mit seiner kurzfristigen Orientierung und seiner globalen Bedeutung dürften Zertifizierungen zwar unverzichtbar werden. Alle Probleme werden sie aber nicht lösen können. Die Arbeitsmärkte werden durch Zertifikate auch nicht weniger komplex. Das Risiko von Fehlrekrutierungen bleibt auch bestehen, wenn Zertifikate formal die Anforderungen des Arbeitgebers erfüllen. Damit hat die Zertifizierung eine besondere Bedeutung als Absicherungsstrategie für die Personalverantwortlichen. Dies allein wird ausreichen, um Zertifikate auch in Zukunft von den Bewerbern zu erzwingen, wie das in anderen Ländern bereits geschieht" ([Dost05, S. 6]).

2.4.3 PM-Laufbahnmodelle

Zum aktuellen Umsetzungsstand von PM-Karrierelaufbahnen schreibt Berleb: „Immer mehr Unternehmen führen eine Projektmanagement-Karrierelaufbahn ein und sichern sich durch gut ausgebildete Mitarbeiter Wettbewerbsvorteile auf dem Markt. Beispiele sind etwa Unternehmen wie die Deutsche Bahn AG, DaimlerChrylser, La Roche Diagnostics Division oder Siemens. (...) Auch der Mittelstand hat den Trend erkannt und Initiativen zur PM-Qualifizierung gestartet" ([Berl05, S.1]).

Jedoch kommt Hermann (vgl. [Herm05, S. 5f]) in einer Studie zum Ergebnis, dass nur etwa 20 Prozent der Großunternehmen in Deutschland ein Laufbahnkonzept für das PM etabliert haben und die offizielle Rolle „Projektmanager" oder „Projektleiter" in vielen Unternehmen nicht existiert. Hier besteht also noch erhebliches Ausbaupotenzial.

Ein weiterer Mangel bei der Durchdringung von Fachlaufbahnen im Allgemeinen und PM-Laufbahnmodellen im Speziellen ist die größtenteils noch nicht angepasste Entlohnung zwischen diesen Karrierepfaden. So kommt eine aktuelle Kienbaum-Vergütungsstudie zu dem Ergebnis, dass Führungskräfte in der IT durchschnittlich 101.000 €, IT-Fachkräfte jedoch nur 57.000 € verdienen – trotz existierenden Fachlaufbahnen (vgl. Schu06, S.37]).

Zu beachten sind auch die Fälle von Unternehmen, die bewusst auf eine PM-Laufbahn verzichten, da sie die Projekttätigkeit von Mitarbeitern nur als temporäre Aufgabe begreifen – als sinnvollen Entwicklungsschritt im Rahmen der Weiterentwicklung der Mitarbeiter.

2.4.4 Offene Fragen

Die Literaturarbeit zeigt, dass eine Vielzahl interessanter Fragestellungen zum Themenkomplex PM-Standardisierung und PM-Zertifizierung offen bleiben, z. B.:

- Die zunehmende Verbreitung und steigende Komplexität des PM hat auch zu deutlich gestiegenen Erwartungen an die Projektmanager geführt. Soziale Kompetenz und Führungsqualitäten scheinen immer wichtiger zu werden. „Die PM-Disziplin scheint hier vor einem Dilemma zu stehen, da die beschriebenen Anforderungen nur schwer personifizierbar erscheinen und die PM-Zuständigen häufig niedrig in der Organisation angesiedelt sind mit geringen Karrierechancen und Anerkennung" ([VW03, S.39]). Die Frage, welche Kompetenzen und Erfahrungen wichtig und gefordert sind, wie die Personalauswahl bei der Beurteilung dieser Aspekte unterstützt werden kann und welche Karrierechancen sich Mitarbeitern mit diesen Kompetenzen und Erfahrungen bieten, ist nicht eindeutig beantwortet.

- Weiterhin wird die Rolle der Qualifizierung (und damit auch der Zertifizierung) im PM in der Literatur oftmals nur untergeordnet behandelt. Damit stellt sich die Frage, wie in den Unternehmen qualifiziert wird, welche Ziele damit verfolgt werden, in welchem Zusammenhang Zertifizierungen gesehen werden müssen und welche Rolle PM-Standards dabei spielen.

- Schließlich wird in der Literatur oftmals festgestellt, dass Mitarbeiter in vielen Fällen ohne „Ausbildung" im Projektmanagement Aufgaben im PM wahrnehmen (müssen). Bei der Planung wird dann häufig improvisiert. PM-Methoden werden oft nur in „einzelkämpferischer" Manier – autodidaktisch oder in einem kurzen Seminar erlernt – im Unternehmen eingesetzt. Offen ist, wie der Stand hinsichtlich Standardisierung ist, welche konkreten Erfahrungen man mit den standardisierten Methoden gemacht hat, wie die Mitarbeiter darin geschult werden und welchen konkreten Einfluss die standardisierten Methoden z. B. auf den Projekterfolg haben.

Diese offenen Fragen sollen nun im Rahmen der empirischen Untersuchung näher beleuchtet werden.

3 Darstellung und Analyse der empirischen Untersuchung

Im nun folgenden Kapitel wird die durchgeführte empirische Untersuchung behandelt. Zunächst werden die Ziele der Untersuchung sowie das Untersuchungsdesign vorgestellt. Basis für die Durchführung waren Arbeitshypothesen, die ebenfalls ausgearbeitet werden. Es folgt die Darstellung der empirischen Befunde, an die sich eine Clusteranalyse sowieso die Bewertung der Hypothesen anschließt. Eine Bewertung der Durchführung der Untersuchung sowie der gewonnenen Erkenntnisse bildet das Fazit.

3.1 Ziele der empirischen Untersuchung

Die Ziele der empirischen Untersuchung leiten sich aus den offenen Fragen des vorangegangenen Abschnitts ab und lauten:

- Aufzeigen der heutigen Rolle und Bedeutung von PM-Standardisierung und PM-Zertifizierung
- Ableiten der wichtigsten Herausforderungen und Gründe für PM-Standardisierung und PM-Zertifizierung
- Identifizieren von Best-In-Class-Lösungen der Implementierung von PM-Standardisierung und PM-Zertifizierung
- Die Ableitung einer Typologie von Unternehmen, die PM-Standardisierung und PM-Zertifizierung einsetzen, ermöglichen
- Ausblick auf zukünftige Trends im Bereich der PM-Standardisierung und PM-Zertifizierung begründen

3.2 Untersuchungsmethodik und -design

Die empirische Untersuchung wurde im Zeitraum von Mai bis Juni 2006 in Form eines schriftlichen, standardisierten Fragebogen durchgeführt. Dieser wurde per Post an die Ansprechpartner in insgesamt 85 deutschen Unternehmen verschickt. Nur bei unklaren oder doppeldeutigen Antworten wurden vereinzelt telefonische Klärungen vorgenommen.

Das hier zugrunde liegende Auswahlverfahren zur Gewinnung der Stichprobe kann als gezielte Auswahl bezeichnet werden, d. h. solche, die dem Forscher für diesen Zweck sinnvoll erscheinen (vgl. [Krom98, S. 261]). Konkret wurde auf Kontaktdaten der Firma PA Consulting Group zurückgegriffen, die auch im Rahmen der jährlichen gemeinsamen PM-Studien der GPM und PA Consulting genutzt werden und nach Rücksprache mit den Ansprechpartnern freundlicherweise zur Verfügung gestellt wurden. Hierdurch wurde es möglich, eine sehr hohe Qualität der Gruppe der Befragten zu erreichen, bei denen zudem ein positives Antwortverhalten unterstellt werden dürfte. Diese Annahme wird auch durch die hohe Rücklaufquote (→Abschnitt 3.4.1.1) gestützt.

Ein Repräsentationsschluss von dieser Stichprobe auf die Grundgesamtheit aller deutscher Unternehmen ist somit nur unter Vorbehalt möglich (vgl. [Kneip04, S. 473]).

Details zu den Rückläufern finden sich im Anhang B; der genutzte Fragebogen findet sich in Anhang A.

3.3 Hypothesen

Aufbauend auf der Literaturarbeit und der Analyse der vorliegenden Ergebnisse von Befragungen anderer Autoren wurden Hypothesen zum aktuellen Stand und Bedeutung von Kanonisierung und Zertifizierung im Projektmanagement aufgestellt, die als Grundlage der folgenden eigenen Befragung dienen konnten.

Diese Hypothesen dienten vor allem auch der Entwicklung von Fragen für die empirische Untersuchung. Die Prüfung der Hypothesen folgt nach der Darstellung der Untersuchungsergebnisse (→Abschnitt 3.6).

Hypothese 1: PM-Standardisierung hat sich in den Unternehmen durchgesetzt, vor allem auf Basis individueller Standards. Die Bedeutung von Standardisierung wird in den nächsten Jahren nicht mehr weiter zunehmen.

Hypothese 2: PM-Zertifizierung wird als bedeutendes Thema für die nächsten Jahre angesehen; aktuell nutzen die meisten Unternehmen jedoch noch keine PM-Zertifizierung.

Hypothese 3: Bei der Besetzung von Stellen im Projektmanagement hat die

	Kenntnis von PM-Standards eine hohe Bedeutung, während eine entsprechende Zertifizierung nur selten gefordert wird.
Hypothese 4:	Die Nutzung von PM-Standardisierung und –Zertifizierung ist branchen- und unternehmensgrößenabhängig. Vorreiter sind große Unternehmen sowie IT-Unternehmen.
Hypothese 5:	Der intensive Einsatz von PM-Standards und die breite Zertifizierung von Projektmanagern führen zu einem höheren Anteil erfolgreicher Projekte im Unternehmen.
Hypothese 6:	Obwohl die Qualität der standardisierten PM-Methoden sehr hoch ist, ist die Akzeptanz dieser Standards bei ihren Nutzern recht niedrig.
Hypothese 7:	Durch PM-Zertifizierung können Mitarbeiter ihre Karrierechancen im Unternehmen erheblich verbessern.
Hypothese 8:	Es gibt keinen spezifischen Auslöser für den Einsatz eines PM-Zertifizierungsprogramms. Gründe gegen PM-Zertifizierung sind vor allem der hohe zeitliche und finanzielle Aufwand.
Hypothese 9:	Projektmanagement ist eine Führungsaufgabe. Aus diesem Grund sind soziale Kompetenz sowie Führungskompetenz und –erfahrung bedeutende Bestandteile des Anforderungsprofils an erfolgreiche Projektmanager.
Hypothese 10:	Eine PM-Zertifizierung allein kann keine eindeutige Aussage über die Qualität eines Mitarbeiters als Projektmanager machen.

3.4 Empirische Befunde

Im Folgenden werden die Ergebnisse der empirischen Untersuchung dargestellt. Zunächst wird ein detailliertes Profil der Teilnehmer bzw. der von ihnen repräsentierten Unternehmen gezeichnet. Daran anschließend wird das Projektmanagementumfeld in diesen Unternehmen untersucht, worauf sich die Darstellung der Untersuchungsergebnisse für die Bereiche Projektmanagement-Kanonisierung und -Standardisierung sowie Projektmanagement-Zertifizierung anschließt. Vertiefende Analysen werden im darauf folgenden Abschnitt vorgenommen.

Einige Hinweise zur Methodik der Auswertung und Darstellung der Ergebnisse:

- Bei einzelnen Fragen waren bei der Beantwortung Mehrfachnennungen erlaubt, aus diesem Grund ergibt die Summe aller Antworten in Prozent bei diesen Fragen einen Wert größer 100.

- Bei den Fragen, in denen die Antwort nicht mehr „multiple choice", sondern im Freitext zu geben war, wurden die Antworten vom Autor im Rahmen der Auswertung kategorisiert, um sie vergleichbar und auswertbar zu machen.

- Die Ergebnisse werden in der Reihenfolge der Fragen auf dem Fragebogen dargestellt. Zunächst erfolgt eine verbale Beschreibung der wichtigsten Ergebnisse; es folgt eine Visualisierung in Form einer oder mehrerer Abbildungen. Aus Gründen der Lesbarkeit wird auf einen expliziten Hinweis auf die Abbildungen bzw. Tabellen verzichtet.

3.4.1 Profil der Teilnehmer

Das detaillierte Profil der Teilnehmer an der empirischen Untersuchung wird durch eine Analyse der Rückläufer auf die verschickten Fragebögen, die Darstellung der Teilnehmer selbst und der von ihnen repräsentierten Unternehmen aufgezeichnet.

3.4.1.1 Rückläuferanalyse

Die Fragebögen für den schriftlichen Teil der Untersuchung wurden Anfang Mai 2006 verschickt. Von den insgesamt 85 verschickten Fragebögen wurden 43 Fragebögen bis Anfang Juni 2006 zurückgeschickt, dies entspricht einer Rücklaufquote von 51 Prozent.

Eine Betrachtung der Rückläufer nach den Kriterien Firmengröße und Branche zeigt, dass die Rückläufer die Stichprobe gut repräsentieren:

- Die gebildeten Firmengrößengruppen (<500, 500-5000, >5000) sind annähernd identisch von den Rückläufern repräsentiert.

- In Summe sind die Branchen ihrer Größe in der Stichprobe entsprechend auch in den Rückläufern enthalten. Kleinere, aber zu vernachlässigende, Abweichungen gibt es für die Automobil- und Energiebranche sowie die Wissenschaft (kleinerer Anteil in den Rückläufern als in der Stichprobe) sowie die Branchen Transport/Verkehr und Versicherung (größerer Anteil in den Rückläufern als in der Stichprobe).

Die vollständige Rückläuferanalyse befindet sich im Anhang B.

3.4.1.2 Die Befragten

Die 43 Befragten der Studie sind im Wesentlichen männlich (93 %).

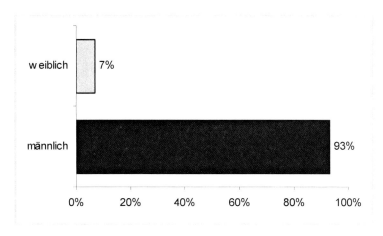

Abbildung 3-1: Geschlecht der Befragten

Etwas weniger als zwei Drittel der Befragten (62 %) sind als Projektentscheider in ihren Unternehmen tätig (33 % Linienmanager, 29 % Programmmanager), etwa ein Drittel ist als Projektpersonal tätig (37 % Projektleiter, 2 % Projektmitarbeiter). Diese Eingruppierung in zwei Gruppen erscheint zweckmäßig, um bei der folgenden Auswertung unterscheiden zu können, ob die Befragten über PM-Rahmenbedingungen in ihrem Unternehmen entscheiden oder davon betroffen sind. Diese Art der Kategorisierung wurde so u. a. auch von Feldmüller/Frick/Grau (vgl. [FeFrGr05]) vorgenommen.

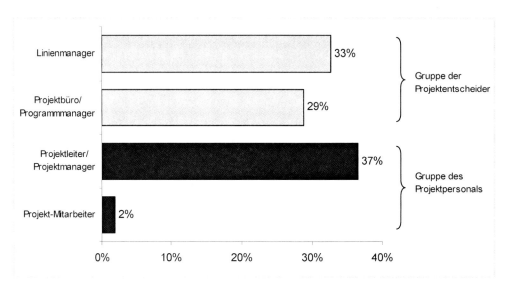

Abbildung 3-2: Eigene PM-Rolle der Befragten

Etwa jeweils die Hälfte der Befragten hat selbst eine PM-Zertifizierung (47 %), die andere Hälfte hat kein eigenes PM-Zertifikat (53 %).

Dabei liegen Zertifizierungen nach dem GPM-System mit Abstand vorne: 65 Prozent der Zertifizierten ließ sich nach diesem System zertifizieren. Danach folgen firmenindividuelle Zertifizierungen (35 %), das PMI-Zertifizierungssystem ist ebenso wie andere Zertifizierungssysteme in dieser Umfrage kaum vertreten (5 % bzw. 10 %).

Die eine Person mit PMI-Zertifizierung hat zusätzlich eine GPM- und eine firmenindividuelle Zertifizierung und begründet dies mit seiner Tätigkeit als Berater und den entsprechend wechselnden Anforderungen des Kundenunternehmens.

An anderen Zertifizierungen wurden einerseits eine PRINCE2-Zertifizierung sowie eine Zertifizierung durch einen PM-Consultant genannt.

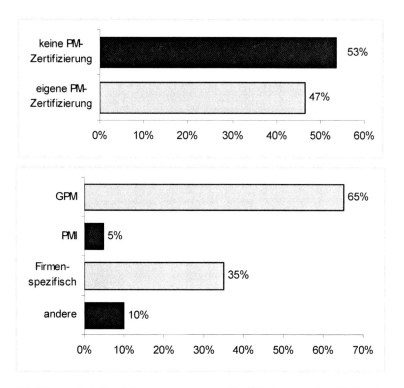

Abbildung 3-3: Projektmanagement-Zertifizierung der Befragten

Etwas mehr als die Hälfte der Befragten (58 %) ist Mitglied in einem PM-Dachverband, 42 Prozent der Befragten gaben an, keine entsprechende Mitgliedschaft zu besitzen.

Bemerkenswert ist, dass alle (!) PM-Dachverbandsmitglieder der Befragten Mitglieder der GPM sind. Zwei Befragte (8 %) sind zugleich auch Mitglied im PMI.

Sowohl diese als auch die vorhergehende Frage unterstreichen die hohe Präsenz und Bedeutung der GPM selbst sowie des von ihr angebotenen Zertifizierungssystems im deutschen Projektmanagement.

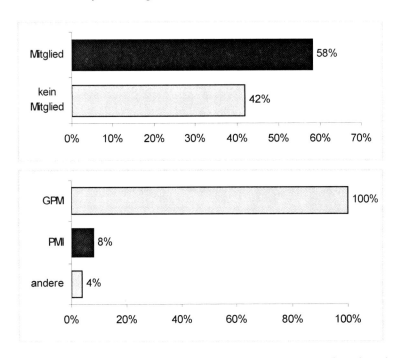

Abbildung 3-4: Mitgliedschaft der Befragten in PM-Dachverbänden

3.4.1.3 Einstellung zur Professionalisierung des PM

Aktuell werden vielfältige Anstrengungen zur Professionalisierung der Disziplin Projektmanagement unternommen. Dabei wird über die Wege und Methoden in Literatur und Praxis teilweise kontrovers diskutiert.

Aus diesem Grund wurden die Befragten um ihre Einschätzung gebeten, welche der folgenden Mittel am besten dazu geeignet sind, die PM-Professionalisierung voranzutreiben.

Die größte Zustimmung gab es dabei für die PM-Standardisierung: 86 Prozent der Befragten halten diese für die weitere Professionalisierung für erforderlich. Eine fast ebenso hohe Zustimmung (63 %) erhalten PM-Zertifizierungssysteme.

Die weiteren angebotenen Professionalisierungsinstrumente (PM-Institutionen, universitäte Ausbildungen, nicht-akademische Ausbildungen sowie kommerzielle Zertifikate) fanden keine breite Zustimmung. Dies ist insofern bemerkenswert, als dass von den 25 Befragten, die Mitglied in einem PM-Verband sind, nur 14 Befragte PM-Institutionen einen bedeutenden Beitrag zur Professionalisierung zugestehen wollen. Auch anderen aktuelle Anstrengungen, wie dem zunehmenden Angebot von Projektmanagement-Studiengängen und –Lehrgängen an Hochschulen, wird nicht so eine Bedeutung zugemessen wie der Standardisierung und Zertifizierung.

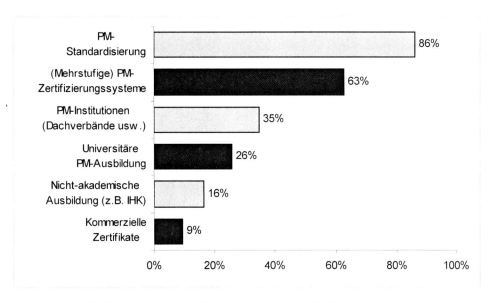

Abbildung 3-5: Professionalisierung von Projektmanagement

3.4.1.4 Die Unternehmen

Die Hälfte der Befragten (51 %) arbeitet in „großen" Unternehmen mit mehr als 5000 Mitarbeitern weltweit. Etwa ein Drittel (35 %) ist bei „mittelgroßen" Unternehmen mit 500 bis 5000 Mitarbeitern und 14 Prozent bei „kleinen" Unternehmen mit weniger als 500 Mitarbeitern beschäftigt.

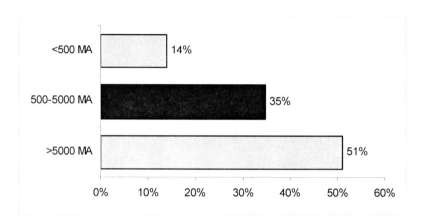

Abbildung 3-6: Firmengröße der befragten Unternehmen

Die befragten Unternehmen kommen aus den für Projektmanagement relevanten Branchen; besonders stark vertreten sind Unternehmen aus dem Bereich IT/Telekommunikation (16 %), Versicherungen und Automobil (je 14 %) sowie Transport/Verkehr/Logistik und Anlagenbau (je 12 %).

Nicht vertreten sind die Branchen Wissenschaft und Energie, da aus den angeschriebenen Unternehmen leider keine Rückläufer eingingen. Per Definition der Studie nicht vertreten sind Organisationen der öffentlichen Verwaltung, da der Fokus auf „deutschen Unternehmen" liegt.

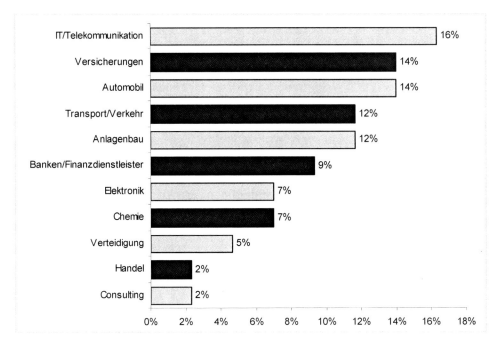

Abbildung 3-7: Branchen der befragten Unternehmen

3.4.2 Das PM-Umfeld in den Unternehmen

In diesem Abschnitt wird das Projektmanagement-Umfeld in den befragten Unternehmen dargestellt. Hierdurch wird ein detailliertes Bild der Umsetzung von Projektmanagement in den Unternehmen gezeichnet, welches auch die spätere Einordnung der Ergebnisse zu PM-Standardisierung und PM-Zertifizierung ermöglichen soll.

3.4.2.1 Projekterfolge

Die Befragten wurden um ihre Einschätzung gebeten, wie viel Prozent aller Projekte in ihrem Unternehmen erfolgreich sind. Als „Erfolg" wurde definiert, dass das Projektergebnis im Rahmen der Budget-, Zeit- und Qualitätsziele liegt.

Das arithmetische Mittel der Antworten auf dieser Frage liegt bei 61 Prozent mit einer Standardabweichung von 19 Prozentpunkten. Um die Unternehmen in besonders erfolgreiche, durchschnittliche und weniger erfolgreiche PM-Unternehmen einordnen zu können, wurde folgende Kategorisierung entwickelt:

- **Besonders erfolgreiche PM-Unternehmen** („Top PM Performer")
  Projekterfolg ist größer als (Arithmetisches Mittel + Standardabweichung) → (61+19 = 80) → **Mehr als 80 Prozent** der Projekte sind erfolgreich

- **Durchschnittlich erfolgreiche PM-Unternehmen** („Durchschnittliche PM Performer")
  Projekterfolg liegt im Bereich von (Arithmetisches Mittel +/- Standardabweichung) → (61+19 = 80 bzw. 61-19 = 42) - Da es in den Antworten keine Angabe im Bereich zwischen 42 und 50 Prozent gab, wird hier zur anschaulicheren Darstellung 50 Prozent als unterer Grenzwert angenommen → **Zwischen 50 und 80 Prozent** der Projekte sind erfolgreich

- **Weniger erfolgreiche PM-Unternehmen** („Low PM Performer")
  Projekterfolg ist kleiner als (Arithmetisches Mittel - Standardabweichung) → (61-19 = 42) – Da es in den Antworten keine Angabe im Bereich zwischen 42 und 50 Prozent gab, wird hier zur anschaulicheren Darstellung 50 Prozent als Grenzwert gewählt → **Weniger als 50 Prozent** der Projekte sind erfolgreich

Etwa ein Fünftel der befragten Unternehmen betreiben besonders erfolgreiche (23 %) bzw. weniger erfolgreiche (21 %) Projekte. Im durchschnittlichen Bereich des Projekterfolgs befinden sich 56 Prozent der befragten Unternehmen.

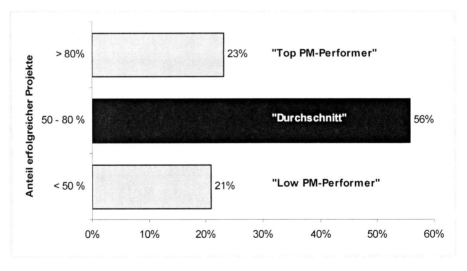

Abbildung 3-8: Kategorisierung der Unternehmen nach Projekterfolg

3.4.2.2 Organisation von PM im Unternehmen

Der mit Abstand größte Teil der befragten Unternehmen führt Projekte in einer Matrixorganisation durch (63 %). Ein Drittel der Unternehmen (33 %) hat eine Projektorganisation entwickelt und nur fünf Prozent der Befragten wickeln ihre Projekte in einer rein funktionalen Linienorganisation ab.

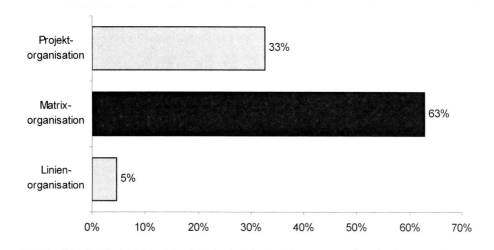

Abbildung 3-9: Organisationsform von PM in den Unternehmen

3.4.2.3 PM-Laufbahnmodelle

Projektorientierte Laufbahnmodelle wie eine PM-Fachkarriere existieren in 42 Prozent der befragten Unternehmen, etwa genauso viele (44 %) Unternehmen haben kein solches Angebot. In 14 Prozent der Unternehmen ist die Einführung eines entsprechenden Systems geplant.

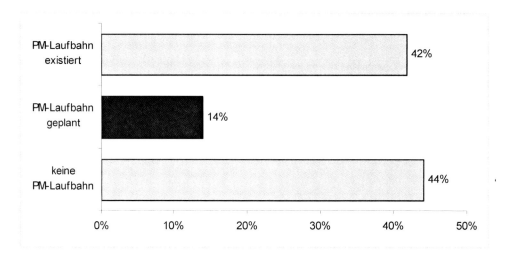

Abbildung 3-10: Existenz von PM-Laufbahnmodellen

3.4.2.4 Kompetenz- und Erfahrungsprofile

Entscheidend für die Bedeutung von PM-Standardisierung und PM-Zertifizierung ist unter anderem, welchen Wert Unternehmen auf bestimmte Kompetenzen und Erfahrungen von Projektmanagern legen. Hieraus können später vor allem hinsichtlich der Qualifizierung der Mitarbeit und der PM-Zertifizierung entsprechende Schlüsse gezogen werden.

Den Befragten wurden sieben Kompetenzfelder (Projektmanagement-Kompetenz, Soziale Kompetenz, Methodenkompetenz, Betriebswirtschaftliche Kompetenz, Sachkompetenz im Projektgegenstand, Sachkompetenz in der Branche, Führungskompetenz) und vier Erfahrungsfelder (Erfahrung im Projektmanagement, Erfahrung im Projektgegenstand, Branchenerfahrung, Führungserfahrung) angeboten, zu denen sie eine Einschätzung treffen sollten, welche der Felder besonders ausschlaggebend für einen „erfolgreichen Projektmanager" sind. Hierzu sollte einerseits die persönliche Meinung („Was halte ich selbst für erforderlich?") und andererseits die Einstellung des Unternehmens („Was fordert mein Unternehmen?") abgebildet werden.

Im Folgenden werden zunächst die Ergebnisse für die Kompetenzfelder und die Erfahrungsfelder aus Sicht der Befragten und aus der Sicht ihrer Unternehmen dargestellt. Daran schließt eine Analyse der Abweichungen zwischen dem Bild der Befragten und der Unternehmenssicht an.

Bezüglich der Kompetenzen ergibt sich folgendes Bild:

Wichtigste Kompetenzen für Projektmanager sind **PM-, Führungs-, Methoden- und soziale Kompetenz**; aus diesem Grund wird im weiteren Verlauf von den **vier „PM-Kernkompetenzen"** gesprochen. Aus Sicht der Befragten sind diese gleichrangig zu bewerten (je 95 %), die Unternehmen messen diesen Kompetenzen zwar ebenso den höchsten Rang, aber nicht so eindeutig, zu. Insbesondere ist hier bemerkenswert, dass nur 64 Prozent der Unternehmen soziale Kompetenz als besonders wichtiges Merkmal eines erfolgreichen Projektmanagers betrachten, während 95 Prozent der Befragten dies tun.

Sach- und Branchenkompetenz halten jeweils etwa nur die Hälfte der Befragten und der Unternehmen für bedeutsam. Hieraus kann abgeleitet werden, dass „gute" Projektmanager grundsätzlich durch ihre Kompetenz in anderen Feldern in der Lage sind, auf unterschiedlichen Sachgebieten und in unterschiedlichen Branchen erfolgreich zu sein.

Ein bemerkenswerter Unterschied besteht in der Einschätzung von betriebswirtschaftlicher Kompetenz. Aus Sicht der Unternehmen ist diese auf dem letzten Rang der angebotenen Kompetenzen einzuordnen, nur 45 Prozent der Unternehmen fordert sie. **Die Befragten jedoch halten betriebswirtschaftliche Kompetenzen für sehr bedeutsam** (72 %) und stufen sie an zweiter Stelle direkt hinter den oben genannten vier „PM-Kernkompetenzen" ein.

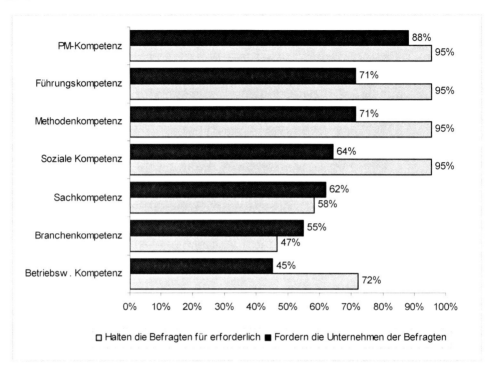

Abbildung 3-11: Kompetenzprofil erfolgreicher Projektmanager

Erfahrungen werden grundsätzlich als weniger bedeutsam eingestuft als Kompetenzen. So legen nur etwa die Hälfte der befragten Unternehmen überhaupt Wert auf Erfahrungen in einem der vorgeschlagenen Felder (43 - 60 %).

Erfahrung im Projektmanagement ist für einen erfolgreichen Projektmanager erforderlich. Sowohl bei den Unternehmen als auch bei den Befragten ist diese Erfahrung an erster Position genannt – 88 Prozent der Befragten und 60 Prozent der Unternehmen halten diese für einen erfolgreichen Projektmanager für erforderlich. Das bedeutet im Umkehrschluss, dass die Unternehmen Möglichkeiten schaffen müssen, dass ihre Projektmanager auch Erfahrungen sammeln können und einen Anreiz erhalten, längerfristig im Projektmanagement tätig zu sein. Dies widerspricht der häufigen Praxis, dass eine Tätigkeit im Projektmanagement eher temporärer Natur ist. Ein Projektmanagement-Laufbahnmodell kann dazu beitragen, Mitarbeiter länger bzw. dauerhaft als Projektmanager halten zu können.

Wie im Bereich der Kompetenzen schätzen weniger als die Hälfte der Befragten und Unternehmen Erfahrungen im Projektgegenstand und in der Branche als für einen erfolgreichen Projektmanager erforderlich ein.

Ein sehr unterschiedliches Bild zeigt sich für den Bereich der Führungserfahrung: 70 Prozent der Befragten (2. Rang), aber nur 43 Prozent der Unternehmen (letzter Rang) schätzen diese als bedeutend ein. Hieraus kann abgeleitet werden, dass Unternehmen auch Einsteigern ohne Führungserfahrung die Tätigkeit als Projektmanager ermöglichen (häufig eben als erste Führungserfahrung für den jeweiligen Mitarbeiter in seiner Weiterentwicklung), diese aber für einen erfolgreichen Projektmanager durchaus wünschenswert ist. Es zeigt sich ein Dilemma: Einerseits ist Führungserfahrung offensichtlich durchaus bedeutend, andererseits bietet sich die Projektleitung im Rahmen der Personalentwicklung als Möglichkeit zur Sammlung erster Führungserfahrungen an; zudem ist ein Wechsel ins Projektmanagement für erfahrene Führungskräfte wegen der fehlenden Perspektive (z. B. durch eine PM-Laufbahn) uninteressant. Die Unternehmen beweisen hier also „Mut zur Lücke" – eventuell bleibt ihnen auch gar nichts anderes übrig – und betrauen auch führungsunerfahrene Mitarbeiter mit Projektleitungsaufgaben.

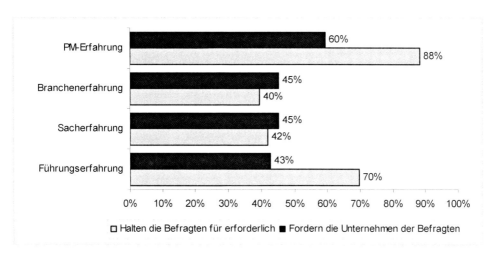

Abbildung 3-12: Erfahrungsprofil erfolgreicher Projektmanager

Bislang wurden die Abweichungen zwischen den Unternehmensanforderungen und den persönlichen Einschätzungen der Befragten auf Ebene der einzelnen Kompetenz- und Erfahrungsfelder aggregiert untersucht. Nun soll sich eine Analyse der individuellen Abweichungen zwischen Befragtem und Unternehmen anschließen, d. h. in wie vielen Punkten der Befragte eine andere Einschätzung von der Bedeutung eines Kompetenz- oder Erfahrungsfeld hatte als „sein" Unternehmen.

Hierzu wurden die Abweichungen auf Einzelbasis untersucht, gezählt und vier Gruppen nach der Anzahl der individuellen Abweichungen gebildet. In immerhin 21 Prozent der Fälle gab es eine vollständige Übereinstimmung und in weiteren 29 Prozent gab es nur eine bis drei Abweichungen, d. h. in genau der Hälfte der Fälle sind die Anforderungen der Befragten und ihrer Unternehmen sehr stimmig. Bemerkenswert ist die recht hohe Zahl (14 %) der Paare von Befragtem und Unternehmen mit sehr vielen (7-11) Abweichungen. Hier ist eine starke Unzufriedenheit bei den Befragten über das deutlich abweichende Anforderungsprofil anzunehmen.

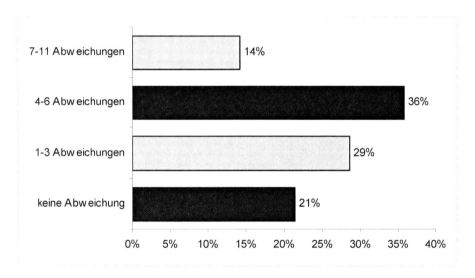

Abbildung 3-13: Übereinstimmung von Befragten und Unternehmen hinsichtlich der Kompetenz- und Erfahrungsprofile

Zusammenfassend können somit folgende Kernergebnisse festgehalten werden:
- Der Erfolg eines Projektmanagers hängt nach Ansicht der Befragten und ihrer Unternehmen maßgeblich von den vier „Projektmanagement-Kern-

kompetenzen" PM-Kompetenz, Methodenkompetenz, Führungskompetenz und sozialer Kompetenz ab.

- Erfahrung, insbesondere im Projektmanagement, aber auch Führungserfahrung, trägt zum Bild eines erfolgreichen Projektmanagers bei, ist aber nicht zwingend in jedem Fall erforderlich.

- Sowohl Kompetenz als auch Erfahrung im Projektgegenstand und in der Branche können Projektmanagern dabei helfen, erfolgreich zu sein. Sie sind aber nicht unbedingt erforderlich.

- Betriebswirtschaftliche Kompetenz wird von den meisten Unternehmen nicht gefordert, dies wäre nach Einschätzung der meisten Befragten aber wünschenswert.

3.4.2.5   Bestätigung von Kompetenz und Erfahrung

Nachdem in der vorhergehenden Frage analysiert wurde, welche Bedeutung einzelne Kompetenz- und Erfahrungsfelder haben, wurden die Befragten im Weiteren gebeten, ihre Meinung über die Aussagekraft von Wegen zum Nachweis dieser Kompetenzen und Erfahrungen abzugeben.

Zu den vier in der Literatur diskutierten und für die Praxis relevanten Verfahren Selbsteinschätzung, PM-Zertifizierung, Referenzen/Arbeitszeugnisse und Besuch von Qualifikationsmaßnahmen/Schulungen, sollten die Befragten jeweils diejenigen Kompetenz- und Erfahrungsfelder benennen, die mit dem jeweiligen „Bestätigungsweg" ihrer Meinung nach akkurat nachweisbar sind.

Ziel dieser Befragung ist es herauszufinden, wie gut die einzelnen Bestätigungswege geeignet sind, bestimmte Kompetenzen oder Erfahrungen nachzuweisen sowie wie gut und wodurch die jeweiligen Kompetenz- und Erfahrungsfelder zu bestätigen sind.

In den folgenden Darstellungen sind für die vier Bestätigungswege jeweils die Anzahl der Nennungen aufgeführt, wie viele der Befragten diese Methode für einen guten Nachweis der einzelnen Kompetenz bzw. Erfahrung halten. Wenn eine Methode besonders breite Akzeptanz findet (mehr als 60 %), ist der jeweilige Balken dunkelblau eingefärbt, bei einer Akzeptanz zwischen 30 und 60 Prozent hellblau. Für Kombinationen von Bestätigungsweg und Kompetenz- bzw. Erfahrungsfeld, die keine große Zustimmung fanden (unter 30 %) sind die Balken weiß eingefärbt.

Folgende Ergebnisse sind besonders hervorzuheben:

- Der Besuch entsprechender Schulungen kann nach Ansicht etwa zwei Drittel der Befragten (je 63 %) eine Aussage über die betriebswirtschaftliche und Methoden-Kompetenz von Projektmanagern machen. **Für die betriebswirtschaftliche Kompetenz belegen Schulungsbesuche sogar den Spitzenplatz aller angebotenen Bestätigungswege.** Auch über die PM-Kompetenz vertrauen 44 Prozent der Befragten entsprechenden Schulungszeugnissen.

- **Referenzen bzw. Arbeitszeugnisse werden für alle Kompetenzfelder als verlässlicher Bestätigungsweg akzeptiert.** Allerdings gibt es trotzdem Unterschiede: Während Führungs-, Branchen-, Sach-, soziale und PM-Kompetenz hohe Zustimmungswerte (zwischen 63 und 77 %) erreichen, liegt die Zustimmung für betriebswirtschaftliche und Methodenkompetenz niedriger (42 bzw. 33 %).

- **PM-Zertifizierungen werden von einer großen Mehrheit der Befragten als die verlässlichste Bestätigungsform von PM- und Methodenkompetenz angesehen** (79 bzw. 81 % Zustimmung). Hier liegen PM-Zertifizierungen vor allen anderen möglichen Bestätigungswegen. Auch die Deutlichkeit der Zustimmung wird in keinem anderen Fall erreicht. Für die weiteren Kompetenzfelder sind PM-Zertifizierungen aus Sicht der Befragten keine verlässliche Bestätigungsquelle. Dies ist insofern bemerkenswert, als dass je nach Zertifizierungssystem auch Führungs-, betriebswirtschaftliche und Sozial-Kompetenz Inhalt der Zertifizierung sind. Genau über diese Felder kann eine PM-Zertifizierung aus Sicht fast aller Befragten keine Aussage treffen. Hier liegt entweder ein Kommunikationsproblem der Zertifizierungsanbieter vor, die es versäumt haben, über den breiten Umfang ihrer Systeme aufzuklären oder aber Prüfungsaufbau und –inhalte sollten von den Anbietern überdacht werden, da die Unternehmen keinen Wert auf eine Aussage von PM-Zertifizierungssystemen über diese Kompetenzen erwarten oder fordern.

- **Die Selbstauskunft wird für keines der Kompetenzfelder als verlässlicher Bestätigungsweg anerkannt.**

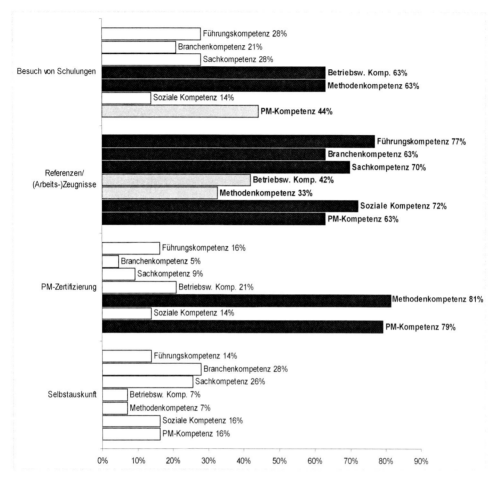

Abbildung 3-14: Bestätigungswege für Kompetenzfelder

Im Bereich der Erfahrungsfelder fällt die Einschätzung der Befragten erheblich deutlicher aus: **Der Bestätigungsweg Referenzen/Arbeitszeugnisse ist für alle vier Erfahrungsfelder (Führungs-, Branchen-, Sach- und PM-Erfahrung) der mit Abstand verlässlichste Bestätigungsweg** (Zustimmung zwischen 77 und 86 %).

Einer PM-Zertifizierung vertrauen die Befragten nur für den Bereich der PM-Erfahrung eine relativ verlässliche Aussage (47 % Zustimmung). Eine Selbstauskunft kann nach Ansicht von 30 Prozent der Teilnehmer eine verlässliche Auskunft über Sacherfahrung machen. Der Besuch von Schulungen wird nicht als Nachweis von Erfahrungen anerkannt.

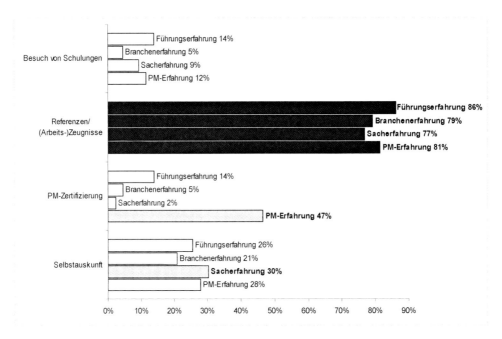

Abbildung 3-15: Bestätigungswege für Erfahrungsfelder

Abschließend wird in folgender Tabelle dargestellt, für wie wichtig Befragte und Unternehmen die einzelnen Kompetenz- und Erfahrungsfelder halten (hierzu wurde das arithmetische Mittel aus den Einschätzungen der Befragten und den Anforderungen der Unternehmen gebildet) und auf welchem Wege diese nach Ansicht der Befragten am treffendsten bestätigt werden können. Eine „2. Wahl" beim Bestätigungsweg wurde nur dann angegeben, wenn mindestens 30 Prozent der Befragten diesen für akzeptabel hielten.

Hierzu kann zusammenfassend gesagt werden: Die „optimale" Bestätigung eines Projektmanagers über seine Kenntnisse und Erfahrungen erhält er/sie durch eine entsprechende Referenz bzw. ein Arbeitszeugnis sowie durch eine PM-Zertifizierung. Hierdurch sind fast alle Felder optimal abgedeckt (einzige Ausnahme ist die betriebswirtschaftliche Kompetenz). **Hervorzuheben ist an dieser Stelle, dass für zwei der drei am wichtigsten angesehen Kompetenzfelder, die PM-Kompetenz sowie die Methodenkompetenz, eine PM-Zertifizierung die mit Abstand „beste Wahl" ist.** Über alle anderen Kompetenz- und Erfahrungsfelder gibt eine Referenz oder ein Arbeitszeugnis sehr gute und verlässliche Auskünfte.

Kompetenzfeld	Rang	Bestätigungsweg „1. Wahl"	Bestätigungsweg „2. Wahl"
PM-Kompetenz	1	Zertifizierung (79 %)	Referenzen (69 %)
Führungskompetenz	2	Referenzen (77 %)	-
Methodenkompetenz	2	Zertifizierung (81 %)	Schulungen (63 %)
Soziale Kompetenz	3	Referenzen (72 %)	-
Sachkompetenz	4	Referenzen (70%)	-
Betriebsw. Komp.	5	Schulungen (63 %)	Referenzen (42 %)
Branchenkompetenz	6	Referenzen (63 %)	-
Erfahrungsfeld	**Rang**	**Bestätigungsweg „1. Wahl"**	**Bestätigungsweg „2. Wahl"**
PM-Erfahrung	1	Referenzen (81 %)	Zertifizierung (47 %)
Führungserfahrung	2	Referenzen (86 %)	-
Sacherfahrung	3	Referenzen (77 %)	Selbstauskunft (30 %)
Branchenerfahrung	4	Referenzen (79 %)	-

Tabelle 3-1: Bevorzugte Bestätigung von Kompetenz und Erfahrung

3.4.2.6 Anforderungen in PM-Stellenausschreibungen

Die Bedeutung bestimmter Kenntnisse oder Erfahrungen kann unter anderem auch daran bemessen werden, welchen Wert die Unternehmen bei der Besetzung von Stellen auf diese legen. Aus diesem Grund wurden die Unternehmen gefragt, ob und mit welcher Wichtigkeit die inhaltlichen Schwerpunkte dieser Studie - die Kenntnis von PM-Standards sowie eine PM-Zertifizierung - bei der Besetzung von Projektmanagement-Stellen eine Rolle spielen.

Es ist direkt feststellbar, dass die Kenntnis von PM-Standards einen erheblich höheren Stellenwert als eine PM-Zertifizierung hat. Dies verwundert nicht, da die Kenntnis von PM-Standards als „Vorstufe" einer PM-Zertifizierung angesehen werden kann, d. h. ohne Wissen über Standards kann keine PM-Zertifizierung erlangt werden.

Die Kenntnis von PM-Standards wird von 14 Prozent der Unternehmen als „Muss" bei der Besetzung von PM-Stellen angesehen, weitere 30 Prozent bewerten diese positiv („Soll"-Anforderung). Bei 37 Prozent der Unternehmen wird die Entscheidung über die Notwendigkeit von PM-Standardkenntnissen von der konkreten Stelle abhängig gemacht, nur 19 Prozent fordern Kenntnisse von PM-Standards nicht. Diese 19 Prozent der Unternehmen fordern konsequenterweise auch nicht eine PM-Zertifizierung.

Eine PM-Zertifizierung ist nur bei zwei Prozent der Unternehmen Pflicht bei der Besetzung von PM-Stellen, 19 Prozent definieren diese als „Soll"-Anforderung in ihren Stellenausschreibungen. Weitere 19 Prozent der befragten Unternehmen entscheiden über die Notwendigkeit einer Zertifizierung im Einzelfall. Der weitaus größte Teil der Unternehmen fordert keine PM-Zertifizierung bei der Stellenbesetzung (60 %).

Zusammengefasst können folgende Schlüsse gezogen werden:

- **Kenntnisse von PM-Standards stellen einen bedeutenden Anteil am Kompetenzprofil von Projektmanagern dar.** In nur einem Fünftel der Unternehmen sind diese Kenntnisse generell nicht für die Stellenbesetzung relevant, während 81 Prozent der befragten Unternehmen in unterschiedlicher Ausgestaltung bei der Stellenbesetzung ein Augenmerk auf PM-Standard-Kenntnisse legen.

- **Eine PM-Zertifizierung hat bei der Anforderungsbeschreibung von PM-Stellen keinen hohen Stellenwert.** In weniger als der Hälfte der Unternehmen (40 %) tauchen diese bei PM-Stellenbeschreibungen auf, jedoch zum größten Teil nur teilweise bzw. als optionale Anforderung. Somit sind PM-Zertifizierungen unter dem Gesichtspunkt der Stellenbesetzung zum heutigen Zeitpunkt nur als zusätzliche, freiwillige Qualifikation von Projektmanagern anzusehen. Den Unternehmen geht es nicht um die Zertifizierung an sich, sondern vielmehr um die dahinter liegenden Kompetenzen, die jedoch oftmals auch auf anderem Wege nachgewiesen werden können.

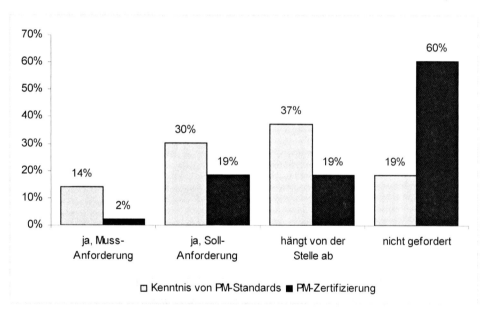

Abbildung 3-16: Anforderungen in PM-Stellenausschreibungen

3.4.3 PM-Standardisierung

Im nun folgenden Abschnitt werden die Untersuchungsergebnisse des Bereichs „PM-Standardisierung" dargestellt.

3.4.3.1 Bekanntheitsgrad verschiedener PM-Standards

Die oben vorgestellten, in Deutschland besonders relevanten PM-Standards sind etwa zwei Dritteln aller Befragten bekannt. Dabei liegen die Kanons des PMI und der GPM mit 63 Prozent Bekanntheit gleichauf, während die DIN-Normen einen etwas höheren Bekanntheitsgrad von 70 Prozent aufweisen können. Ein weiterer bekannter „PM-Standard" ist PRINCE2 (23 %), der in dieser Untersuchung jedoch als Vorgehensmodell eingestuft wurde und deshalb keine weitere Beachtung findet.

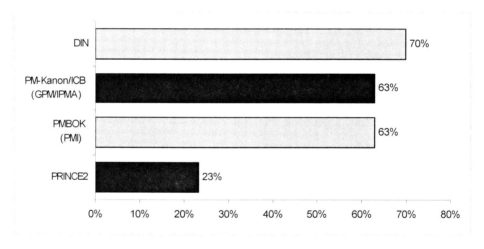

Abbildung 3-17: Bekanntheit von PM-Standards

3.4.3.2 Einsatz bekannter PM-Standards in den Unternehmen

Insgesamt am häufigsten in den Unternehmen der Befragten genutzt wird der Standard der GPM (37 %), gefolgt von DIN (33 %), dem PMBOK Guide des PMI (26 %) und firmeneigenen Standards (26 %). 28 Prozent der Unternehmen nutzen nach eigener Aussage keinen PM-Standard.

Bemerkenswert ist, dass die meisten Unternehmen die „Industriestandards", d. h. die nicht-firmenindividuellen Standardisierungen als Zusatzstandard nutzen. Nur

23 Prozent der Firmen nutzen das GPM-System als primären Standard und zwölf Prozent den PMBOK Guide. Besonders groß ist dieser Effekt bei den DIN-Normen: nur fünf Prozent der Unternehmen nutzen diese als primären PM-Standard. Führend sind hier die firmenindividuellen Standards – die Unternehmen, die einen solchen Standard eingeführt haben, nutzen ihn auch exklusiv, d. h. wiederum 28 Prozent der Unternehmen haben einen firmenindividuellen Standard als primären PM-Standard eingeführt. Dieses lässt den Schluss zu, dass die „Industriestandards" in vielen Fällen individuelle Anpassungen, „customizing", benötigen, um einsetzbar zu sein. Am ehesten für sich nutzbar scheint der ProjektManager der GPM, während der PMBOK Guide bereits mehr Anpassungen/Erweiterungen/Zusätze benötigt und die DIN-Normen quasi gar nicht alleine nutzbar zu sein scheinen.

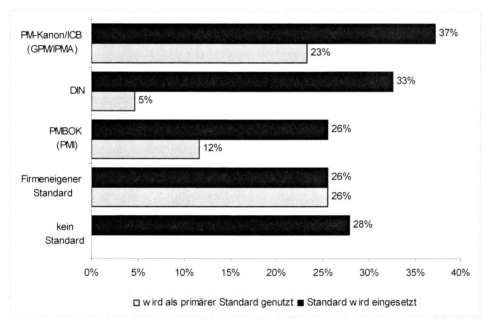

Abbildung 3-18: Einsatz von PM-Standards

3.4.3.3 PM-Standardisierung in den Unternehmen

Alle Befragten gaben an, dass PM in ihrem Unternehmen in irgendeiner Form standardisiert ist. Gefragt nach der Standardisierungsebene kann man feststellen, dass in fast zwei Dritteln aller Unternehmen (64 %) die PM-Methoden unternehmensweit standardisiert sind.

Anzumerken ist hier eine erhebliche Weiterentwicklung in den letzten Jahren: in einer von VW Coaching in 2001 durchgeführten Studie gaben nur 24,7 Prozent der Unternehmen an, ihr PM unternehmensweit standardisiert zu haben, in über 80 Prozent der Fälle fand eine Standardisierung nur projektindividuell statt (vgl. [VW03, S. 115]).

38 Prozent der Befragten gaben an, dass die Standardisierung in ihrem Unternehmen über ein zentrales Project Management Office (PMO) organisiert wird.

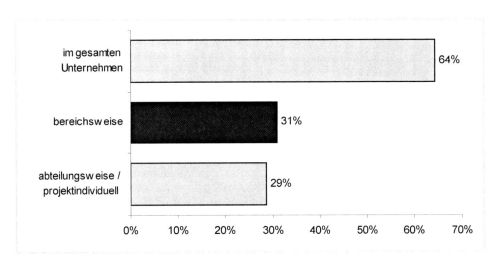

Abbildung 3-19: PM-Standardisierungsebene in den Unternehmen

Die Standardisierung läuft in 60 Prozent der Unternehmen vorrangig über einen firmenindividuellen („internen") Standard, in 38 Prozent der Unternehmen werden interne Standards und „externe" Industriestandards parallel genutzt. Nur in zwei Prozent der Unternehmen wird ein externer Standard für sich allein genutzt.

Zu bemerken sind hier die teilweise unstimmigen Antworten auf die letzten drei Fragen, ob das PM in den Unternehmen standardisiert ist und ob ein interner

Standard dazu genutzt wird. Offensichtlich lassen diese Begriffe einen solch breiten Interpretationsspielraum zu, dass in einer Frage nur 28 Prozent der Befragten angeben, einen firmenindividuellen Standard zu nutzen, in einer anderen aber 98 Prozent angeben, einen internen Standard alleine oder im Zusammenhang mit einem externen Standard zu nutzen. Auch passt die Angabe, dass 28 Prozent der Unternehmen keinen PM-Standard nutzen, aber „alle" Unternehmen ihr Projektmanagement standardisiert haben, überhaupt nicht zueinander. Dies veranschaulicht die Problematik der nicht „standardisierten" Begrifflichkeiten und Verständnisse im PM sehr deutlich.

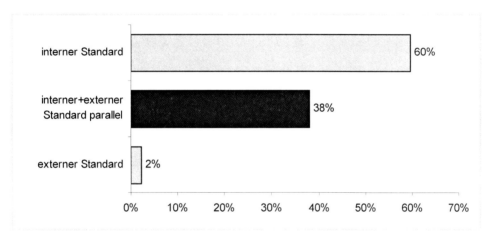

Abbildung 3-20: Nutzung von internen und externen PM-Standards

3.4.3.4 Nutzung von Vorgehensmodellen

86 Prozent aller befragten Unternehmen setzen Vorgehensmodelle in irgendeiner Form ein, etwa die Hälfte davon nutzt Vorgehensmodelle für den Bereich der Softwareentwicklung (53 %). Weitere 42 Prozent der Unternehmen, die Vorgehensmodelle einsetzen, nutzen ein PM-Vorgehensmodell.

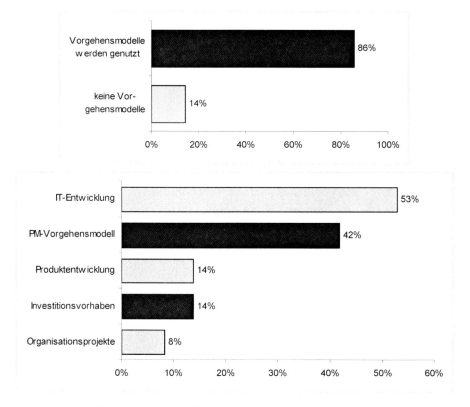

Abbildung 3-21: Einsatz von Vorgehensmodellen

3.4.3.5 Bedeutung von Industriestandards

Der größte Teil der befragten Unternehmen (86 %) gibt an, eine Form von Industriestandards zu nutzen. Mit Abstand an erster Stelle steht dabei das Qualitätsmanagement (89 % der Unternehmen mit Industriestandards), etwa die Hälfte der Unternehmen nutzen zudem Industriestandards im Bereich der Produktion (56 %), der Softwareentwicklung (47 %) und dem IT Service Management (44 %).

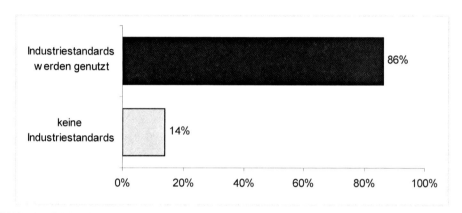

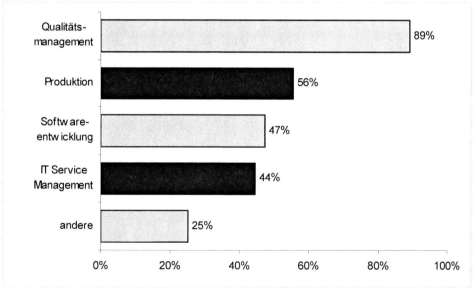

Abbildung 3-22: Nutzung von Industriestandards

3.4.3.6 Auslöser für PM-Standardisierung

Es existiert ein besonders häufiger Auslöser für die Standardisierung von Projektmanagement in den befragten Unternehmen: 50 Prozent der Befragten geben an, dass der **Wunsch nach einer Professionalisierung im PM** der wichtigste Auslöser hierfür war.

Insgesamt ist festzustellen, dass **die Motivation der Unternehmen zur PM-Standardisierung vor allem aus dem Unternehmen selbst kommt**: in 21 Prozent der Fälle war eine Initiative des Managements und in 16 Prozent eine Initiative durch Mitarbeiter der Auslöser.

Nur in 18 Prozent der Fälle kam der Druck von außen durch die Kunden bzw. den Markt, elf Prozent der Befragten gaben eine Unternehmensberatung als Auslöser für die PM-Standardisierung an. In weiteren acht Prozent der Unternehmen ist PM-Standardisierung „historisch gewachsen" und in fünf Prozent war die Standardisierung in anderen Bereich der Auslöser für die PM-Standardisierung.

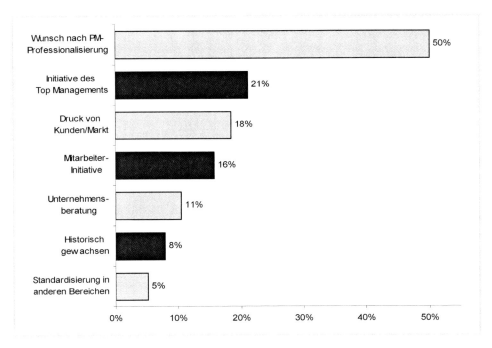

Abbildung 3-23: Auslöser für PM-Standardisierung

3.4.3.7 Einsatz von PM-Software

PM-Software, die an die standardisierten Methoden des jeweiligen Unternehmens angepasst ist, wird von 60 Prozent der Unternehmen eingesetzt. Diese Zahl erscheint auf den ersten Blick niedrig, es wurde in der Fragestellung jedoch ausdrücklich eingeschränkt auf solche Software, die einem PM-Standard folgt. Dabei gibt jeweils die Hälfte der Unternehmen an, Individual- bzw. Standardsoftware einzusetzen. Hier ergibt sich somit kein eindeutiges Bild.

Von denjenigen Unternehmen, die keine PM-Software mit Unterstützung ihres PM-Standards einsetzen, hat die eine Hälfte (20 %) kein Interesse an einer solchen Software und die andere Hälfte (20 %) würde gerne eine entsprechende Software einführen.

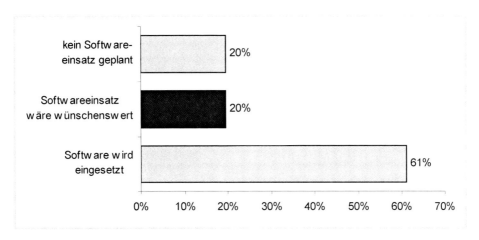

Abbildung 3-24: Einsatz von Software für standardisiertes PM

3.4.3.8 Qualität der eingesetzten PM-Standards

Die Befragten wurden um ihrer Einschätzung gebeten, welche Qualität die in ihrem Unternehmen standardisieren PM-Methoden haben. Hierzu konnte in den vier Ausprägungen Erlernbarkeit, Anwendbarkeit, Praxisnähe und Akzeptanz jeweils eine hohe, mittlere oder schlechte Qualität bescheinigt werden.

Es fällt auf, dass die PM-Standards hinsichtlich Erlernbarkeit und Anwendbarkeit relativ gute Note bekommen. Je etwa zwei Drittel der Befragten (67 % bzw. 64 %) geben für ihre Standards eine gute Note ab. Die Anwendbarkeit wird aber sehr unterschiedlich eingeschätzt. Hier ist die Standardabweichung aller vier Ausprägungen am höchsten und hier bewerten sieben Prozent der Befragten ihre Standards als schlecht.

In Sachen Praxisnähe und Akzeptanz hingegen bekommen die PM-Methoden der Unternehmen weniger gute Noten, hier sind etwa jeweils die Hälfte der Befragten der Meinung, dass sie „gut" oder „mittelmäßig" sind (52 % und 42 % bzw. 45 % und 52 %).

Das Fazit: **Die standardisierten Methoden sind zwar gut erlernbar und anwendbar, ihre Praxisnähe und Akzeptanz ist aber noch verbesserungswürdig.**

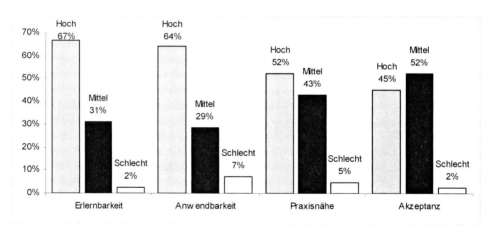

Abbildung 3-25: Qualität der eingesetzten PM-Standards

	Arithmetisches Mittel (AM)	Standardabweichung (SA)
Erlernbarkeit	0,64	0,53
Anwendbarkeit	0,57	0,63
Praxisnähe	0,48	0,59
Akzeptanz	0,43	0,55

Bedeutung der Zahlenwerte:
-1 = Schlecht; 0 = Mittel; 1 = Gut

Tabelle 3-2: Durchschnittliche Einschätzung der Qualität von PM-Standards

3.4.3.9 Auswirkungen der eingesetzten PM-Standards

Im Weiteren sollten die Befragten einschätzen, wie sich PM-Standards auf unterschiedliche Aspekte des Projekts auswirken. Hierbei war jeweils eine Antwort „positiv", „neutral" (kein Einfluss) und „negativ" möglich.

Zunächst muss festgehalten werden, dass **PM-Standards den Projekten nicht schaden**. Lediglich zwei Prozent der Befragten gaben einen negativen Einfluss ihrer PM-Standards auf die operative Projektdurchführung und fünf Prozent der Befragten einen negativen Einfluss auf die Qualitätsziele der Projekte zu Protokoll.

Einen besonders positiven Einfluss haben die PM-Standards auf die operative Projektdurchführung und auf die Zeitziele der Projekte (83 % bzw. 74 % positiv): **PM-Standards erleichtern den Projektmitarbeitern die Arbeit und unterstützen beim pünktlichen Erreichen des Projektziels.**

Auch auf den Projekterfolg, die Kostenziele und die Qualitätsziele ist der Einfluss der PM-Standards insgesamt positiv, allerdings fällt auf, dass je etwa ein Drittel der Befragten auch einen neutralen Einfluss feststellen. Daraus kann abgeleitet werden, dass die **Unterstützung hinsichtlich der Projektziele „in time" und „in quality"** noch verbessert werden kann.

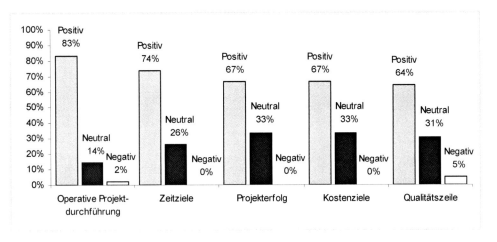

Abbildung 3-26: Auswirkungen der eingesetzten PM-Standards auf unterschiedliche Aspekte des Projekts

	Arithmetisches Mittel	Standardabweichung
Operative Projektdurchführung	0,81	0,45
Zeitziele	0,74	0,45
Projekterfolg	0,67	0,48
Kostenziele	0,67	0,48
Qualitätsziele	0,60	0,59

Bedeutung der Zahlenwerte:
-1 = negativer Einfluss; 0 = neutral; 1 = positiver Einfluss

Tabelle 3-3: Durchschnittliche Einschätzung der Auswirkung eingesetzter PM-Standards

3.4.3.10 Weitere Entwicklung von PM-Standards

Die Bedeutung von PM-Standardisierung nimmt aus Sicht der Befragten auch in Zukunft weiter zu. Dies gilt sowohl für das Thema an sich als auch die Bedeutung im eigenen Unternehmen (81 % bzw. 74 % der Befragten gehen von einer zunehmenden Bedeutung aus). Nur ein einziger Befragter geht von einer abnehmenden Bedeutung von PM-Standards im Unternehmen aus.

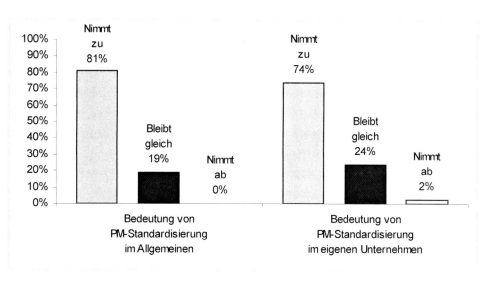

Abbildung 3-27: Weitere Entwicklung von PM-Standards

	Arithmetisches Mittel	Standardabweichung
Bedeutung von PM-Standardisierung im Allgemeinen	0,81	0,40
Bedeutung von PM-Standardisierung im eigenen Unternehmen	0,71	0,51

Bedeutung der Zahlenwerte:
-1 = nimmt ab; 0 = bleibt gleich; 1 = nimmt zu

Tabelle 3-4: Durchschnittliche Einschätzung der weiteren Entwicklung von PM-Standards

3.4.4 PM-Zertifizierung

Im folgenden Abschnitt werden die Ergebnisse des Untersuchungsbereichs „PM-Standardisierung" dargestellt und analysiert.

3.4.4.1 Bekanntheitsgrad verschiedener PM-Zertifizierungen

Der Bekanntheitsgrad von PM-Zertifizierungen ist hoch. Die marktführenden Systeme der GPM und des PMI sind 79 bzw. 63 Prozent der Befragten bekannt. Auch der Bekanntheitsgrad der VDI-Zertifizierung „Projektingenieur" ist für ein spezialisiertes „Nischenangebot" mit 30 Prozent relativ hoch.

Die Zertifizierungssysteme für PRINCE2 (12 %) sowie die noch recht neuen und auf IT beschränkten Angebote von Cert-IT (7 %) sind kaum bekannt.

Firmenindividuelle Zertifizierungssysteme finden hier keine Betrachtung, da sie naturgemäß nur denen bekannt sein können, die in ihrem Unternehmen auch ein solches einsetzen. Dies wird in der nächsten Frage dargestellt.

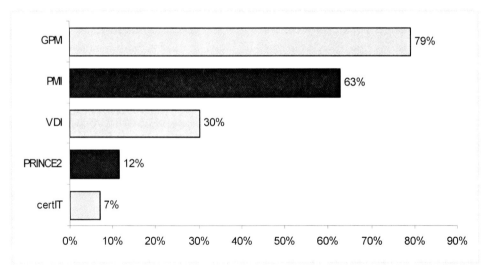

Abbildung 3-28: Bekanntheit von PM-Zertifizierungen

3.4.4.2 Einsatz von PM-Zertifizierungen in den Unternehmen

Etwa die Hälfte der befragten Unternehmen setzt PM-Zertifizierungen ein (51 %). Es werden vor allem drei Systeme genutzt, die übrigen Systeme finden nur vereinzelt Anwendung:

- Das GPM-Zertifizierungssystem (von 42 Prozent aller Unternehmen eingesetzt und von 28 Prozent als primäre PM-Zertifizierung im Unternehmen genutzt),
- das System des PMI (von 21 Prozent eingesetzt und von sieben Prozent als primäres System) sowie
- firmenindividuelle Zertifizierungen (von 14 Prozent der Unternehmen stets als primäres System eingesetzt).

Hieraus lassen sich mehrere Umstände schlussfolgern:

- **Das GPM-Zertifizierungssystem ist das in Deutschland mit Abstand am häufigsten anzutreffende System.** Etwa zwei Drittel der Unternehmen, die es nutzen, setzen es auch als führendes Zertifizierungssystem im Unternehmen ein.
- **Zertifizierungen der PMI werden weniger häufig eingesetzt und sind vor allem „Zusatzzertifizierungen"** – nur ein Drittel der Unternehmen bezeichnet es als das wichtigste Zertifizierungssystem im Unternehmen,
- **Firmenindividuelle Zertifizierungen sind, wenn sie eingesetzt werden, stets das führende System im Unternehmen.**

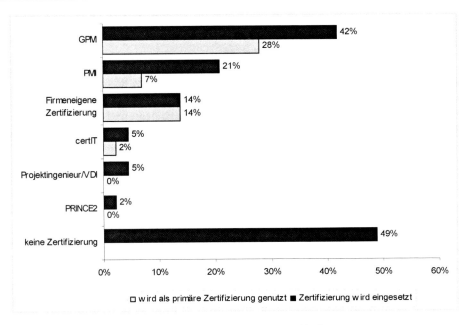

Abbildung 3-29: Einsatz von PM-Zertifizierungen

In einem Drittel der Unternehmen (33 %) hat kein Projektmanager eine Zertifizierung, in etwa einem weiteren Drittel (29 %) ist es nur maximal jeder Zwanzigste. Daraus folgt, dass in zwei Dritteln aller befragten Unternehmen keine hohe Durchdringung von PM-Zertifizierungen feststellbar ist. Andererseits sieht man allerdings, dass es auch in Unternehmen, die keine PM-Zertifizierungen einsetzen (insgesamt 49 %), durchaus Mitarbeiter mit Zertifizierungen geben kann (nur 33 % mit „keinen Zertifizierungen").

In den übrigen Unternehmen ist der Zertifizierungsstand recht unterschiedlich. In immerhin 17 Prozent der befragten Unternehmen ist mindestens jeder zweite Projektmanager entsprechend zertifiziert.

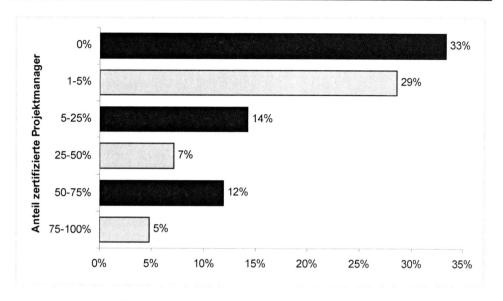

Abbildung 3-30: Anteil zertifizierter Projektmanager in den Unternehmen

3.4.4.3 Ausbildungswege für Projektpersonal

Projektpersonal wird vor allem durch interne Standardtrainings (67 %) und interne individuelle Maßnahmen geschult (47 %). **Die befragten Unternehmen bilden ihr Projektpersonal also vor allem in Form von Inhouse-Schulungen aus.**

Es gibt keinen allgemeinen Trend zu standardisierten oder individuellen Schulungen. Vielmehr kann festgestellt werden, dass bei internen Schulungen die Standardangebote (67 % zu 47 %), bei externen Schulungen jedoch die individuellen Maßnahmen (33 % zu 21 %) überwiegen. Daraus kann abgeleitet werden, dass **die Unternehmen vor allem (gut standardisierbare) Grundlagentrainings intern durchführen**, zum Setzen individueller Schwerpunkte aber neben internen Schulungen (47 %) auch gerne externe Angebote (33 %) genutzt werden. Externe Standardangebote werden relativ selten (21 %) genutzt.

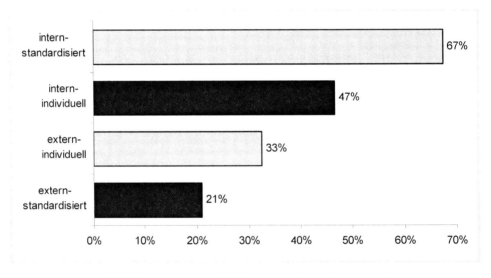

Abbildung 3-31: Ausbildung von Projektpersonal

3.4.4.4 Treiber für PM-Zertifizierungen

In 59 Prozent der Unternehmen, die PM-Zertifizierungen einsetzen, werden PM-Zertifizierungen durch das Unternehmen vorangetrieben; in 41 Prozent der Fälle geht die Initiative durch den jeweiligen Mitarbeiter aus.

Der relativ geringe Wert der durch die Unternehmen getriebenen Zertifizierungen kann bedeuten, dass PM-Zertifizierungen in diesen Fällen nicht Bestandteil einer entsprechend zielgerichteten Personalentwicklung, sondern eher „Zufallsprodukte" durch die individuellen Mitarbeiterwünsche sind. **Somit wären PM-Zertifizierungen fast in der Hälfte der Unternehmen, die sie nutzen, eher als freiwillige Zusatzangebote der Personalentwicklung denn als Bestandteil einer gezielten PM-Professionalisierung anzusehen.**

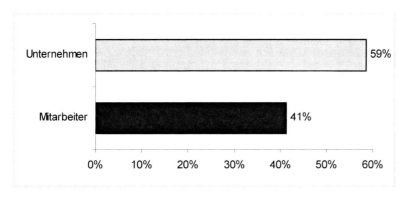

Abbildung 3-32: Treiber für PM-Zertifizierungen

3.4.4.5 Unterstützung der PM-Zertifikanten

Die PM-Zertifizierung von Mitarbeitern wird von der großen Mehrheit der Unternehmen (79 %) unterstützt. Hierbei werden zumeist individuelle Regelungen getroffen (56 %); auch die Übernahme der Kosten durch den Arbeitgeber ist üblich (56 %). Eine Freistellung für die Vorbereitung und/oder Prüfung erhalten nur die Mitarbeiter von 35 Prozent der Unternehmen. Einen materiellen Anreiz, z. B. in Form von Bonuszahlungen nach erfolgreicher Prüfung, gibt es in keinem der befragten Unternehmen.

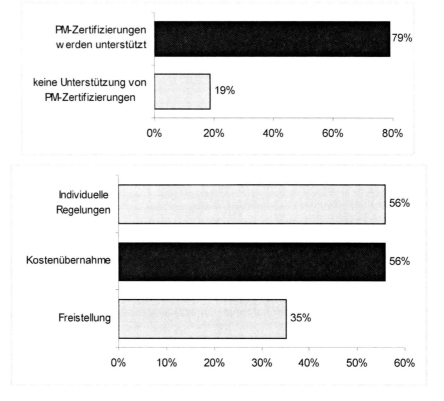

Abbildung 3-33: Unterstützung von PM-Zertifikanten durch die Unternehmen

3.4.4.6 Karrierechancen im Projektmanagement

Die Karrierechancen im PM bzw. durch eine Tätigkeit im PM der Unternehmen werden von den Befragten recht unterschiedlich eingeschätzt.

Drei Punkte sind hier besonders bemerkenswert:

- Es gibt ein großes Mittelfeld der Unternehmen, in denen Projektmanager, egal ob mit (63 %) oder ohne (58 %) Zertifizierung, „gute" Karrierechancen haben.

- Die Aussicht auf „sehr gute" Karrierechancen verdoppelt sich durch eine PM-Zertifizierung (Sprung von 16 % auf 30 %).

- In einem Viertel der Unternehmen (23 %) haben Projektmanager ohne Zertifizierung nur „schlechte" Karrierechancen, dieser Wert sinkt aber auf fünf Prozent, wenn die Projektmanager eine Zertifizierung innehaben.

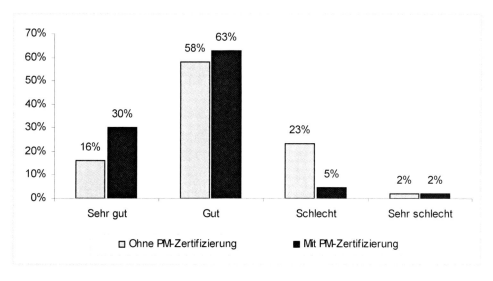

Abbildung 3-34: Karrierechancen im Projektmanagement der befragten Unternehmen

	Arithmetisches Mittel	Standardabweichung
Karrierechancen *ohne* Zertifizierung	0,63	1,09
Karrierechancen *mit* Zertifizierung	1,14	0,83

Bedeutung der Zahlenwerte:
-2 = sehr schlecht; -1 = schlecht; 1 = gut; 2 = sehr schlecht

Tabelle 3-5: Durchschnittliche Einschätzung der Karrierechancen im PM

Blickt man auf die individuellen Antworten, wie sich die Karrierechancen durch eine PM-Zertifizierung verändern, kann man feststellen, dass fast zwei Drittel der Befragten davon ausgehen, dass eine PM-Zertifizierung nicht zu einer Verbesserung der Karrierechancen führt (58 %); Fünf Prozent der Befragten geht gar davon aus, dass sich hierdurch die Chancen noch verschlechtern.

37 Prozent der Befragten gaben an, dass PM-Zertifizierungen einen positiven Einfluss auf die Karriere der Zertifizierten im eigenen Unternehmen haben.

Zusammenfassend kann gesagt werden, dass die Karrierechancen für Projektmanager in den befragten Unternehmen recht gut sind und eine PM-Zertifizierung diese in manchen Fällen noch steigern kann.

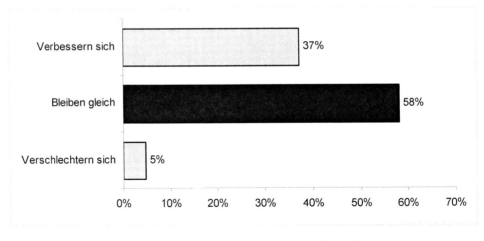

Abbildung 3-35: Veränderung der Karrierechancen durch PM-Zertifizierung

3.4.4.7 Auslöser für PM-Zertifizierung

Die Auslöser für den Einsatz von PM-Zertifizierungen sind aufschlussreich. So wurden in mehr als der Hälfte der Fälle die Schaffung eines Zertifizierungssystems durch Standardisierungs- (35 %) und Professionalisierungsdruck (20 %) ausgelöst. In weiteren 35 Prozent fordern Kunden bzw. der Markt von den Mitarbeitern der Unternehmen eine Standardisierung.

Daraus folgt, dass die Nutzung von PM-Zertifizierungen einerseits häufig Bestandteil von übergreifenden Standardisierungs- und Professionalisierungsvorhaben und somit „von innen" getrieben sind, allerdings ähnlich häufig der Druck zur Zertifizierung „von außen" kommt.

Auffällig ist zudem, dass Initiativen von Mitarbeitern oder Top Management im Vergleich zu den Auslösern der PM-Standardisierung erheblich weniger häufig sind und dass nur in einem Fall die Personalentwicklung Auslöser war. Es wird deutlich, dass **PM-Zertifizierung bislang nur selten als Methode zur PM-Professionalisierung oder als Werkzeug der Personalentwicklung wahrgenommen wird.**

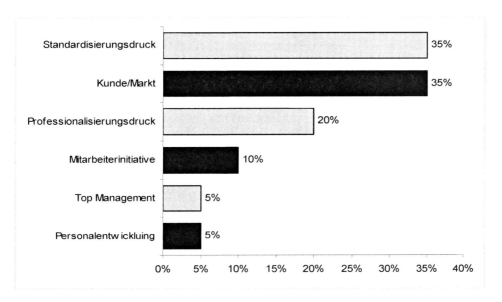

Abbildung 3-36: Auslöser für PM-Zertifizierung

3.4.4.8 Qualität der eingesetzten Zertifizierungsprogramme

Hinsichtlich der Qualität der in den Unternehmen primär eingesetzten Zertifizierungsprogramme fällt zunächst der hohe Anteil der Befragten auf, die diese Frage nicht beantworten konnten: **fast jeder Fünfte kann die Eigenschaften des im eigenen Unternehmen eingesetzten Zertifizierungssysteme nicht beurteilen** bzw. kennt sie überhaupt nicht.

Die Qualität der eingesetzten Zertifizierungssysteme kann in drei Kategorien aufgeteilt werden:

- Die **Ausrichtung an Standards, die Prüfungsinhalte sowie die Art der Prüfungsdurchführung werden als eindeutige Stärken** identifiziert.

- Die Verbreitung wird noch positiv eingeschätzt. Diese Aussage ist in dieser Verdichtung allerdings nicht sonderlich aussagekräftig, da die internen Zertifizierungssysteme hier naturgemäß weniger gut, die Zertifizierungssysteme von PMI und GPM aber gut abgeschnitten haben. Dies ist auch an der hohen Standardabweichung erkennbar.

- Nur als neutral werden Kosten, Rezertifizierung und Zeitaufwand eingeschätzt. Hier zeigt sich ein **Dilemma der Ausgestaltung der Zertifizierungssysteme**. Die Nutzer (Unternehmen und Projektmanager) erwarten einerseits eine hohe Akzeptanz und Anerkennung mit hochwertigen Inhalten, andererseits wird der notwendige zeitliche und finanzielle Aufwand gescheut. Gleiches gilt für die Rezertifizierung, welche sicherstellt, dass nur solche Personen ein PM-Zertifikat behalten können, die auch im Projektmanagement tätig sind und an ihrer Weiterentwicklung arbeiten.

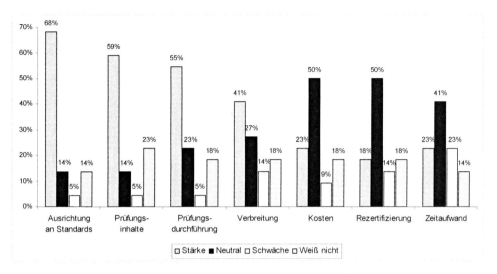

Abbildung 3-37: Qualität der eingesetzten PM-Zertifizierungssysteme

	Arithmetisches Mittel	Standardabweichung
Ausrichtung an Standards	0,74	0,56
Prüfungsinhalte	0,71	0,59
Prüfungsdurchführung	0,61	0,61
Verbreitung	0,33	0,77
Kosten	0,17	0,62
Rezertifizierung	0,06	0,64
Zeitaufwand	0,00	0,75

Bedeutung der Zahlenwerte:
-1 = Schwäche; 0 = Neutral; 1 = Stärke

Tabelle 3-6: Durchschnittliche Einschätzung der Qualität der eingesetzten PM-Zertifizierungssysteme

3.4.4.9 Erfolg der implementierten Zertifizierungsprogramme

Diejenigen Unternehmen, die ein PM-Zertifizierungsprogramm implementiert haben, bewerten diese Einführung mit großer Mehrheit als erfolgreich oder sehr erfolgreich (85 %). Nur in 15 Prozent der Fälle wird die Einführung als nicht erfolgreich eingeschätzt.

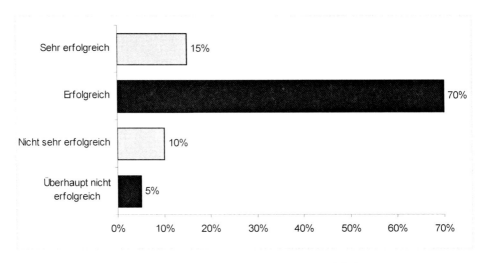

Abbildung 3-38: Erfolg implementierter PM-Zertifizierungssysteme

3.4.4.10 Vergleich von Zertifizierungssystemen

Die in der Studie am häufigsten vertretenen Zertifizierungssysteme, GPM und firmeninterne, werden an dieser Stelle in ihren Eigenschaften verglichen. Das PMI-Zertifizierungssystem wird in diesen Vergleich nicht mit aufgenommen, da es nur dreimal als primäres Zertifizierungssystem eingesetzt wird und die Antworten damit nicht repräsentativ genug erscheinen.

Wie aus der folgenden Darstellung ersichtlich, können für beide Zertifizierungssysteme besondere Stärken und Schwächen im Vergleich zum arithmetischen Mittelwert aller Zertifizierungssysteme identifiziert werden.

Das GPM-Zertifizierungssystem schneidet in den Aspekten Ausrichtung auf Standard und Prüfungsinhalte besser ab als der Durchschnitt. Unter den Gesichtspunkten der Prüfungsdurchführung, Verbreitung, Kosten, Rezertifizierung und Zeitaufwand liegt es um den Mittelwert.

Herauszuheben sind insbesondere die Bewertungen der Standardorientierung und der Prüfungsinhalte. Alle Befragten, die das GPM-Zertifizierungssystem nutzen, vergaben hier die Bewertung „Stärke". Ausgesprochene Schwächen werden vom GPM-System nicht wahrgenommen. **In Summe bekommt das GPM-System von seinen Nutzern somit eine sehr gute Bewertung.**

Die firmeninternen Zertifizierungen schneiden unter dem Kosten- und Zeitaufwandspunkten besser ab als der Durchschnitt. Die Rezertifizierungsregeln werden als durchschnittlich bewertet. Hinsichtlich der Aspekte Ausrichtung auf Standard, Prüfungsinhalte, Prüfungsdurchführung und vor allem der Verbreitung schneiden sie schlechter ab als der Durchschnitt.

Die firmenindividuellen Zertifizierungen haben als größte Stärke die geringeren Kosten. Ansonsten werden sie als durchschnittlich oder unterdurchschnittlich bewertet. **Die firmeninternen Programme scheinen somit nicht nur aus Gründen der Individualisierung, sondern auch aus Kostengründen ausgewählt worden zu sein. Qualitativ können sie mit dem GPM-Zertifizierungssystem offenbar nicht mithalten.**

Darstellung und Analyse der empirischen Untersuchung

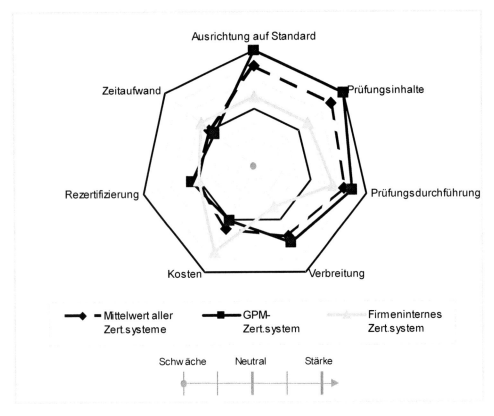

Abbildung 3-39: Vergleich eingeführter PM-Zertifizierungssysteme

Betrachtet man nun auch die Bewertung über den Erfolg der Einführung der verschiedenen Zertifizierungssysteme, gibt es eine Überraschung. Obwohl die firmenindividuellen Zertifizierungssysteme unter qualitativen Aspekten schlechter abschneiden als der Durchschnitt, wird die Einführung solcher Systeme tendenziell von den Befragten als erfolgreicher bewertet als der Durchschnitt. Hier stellt sich die Frage, welche Kriterien die Befragten bei der Beurteilung über den Einführungserfolg herangezogen haben.

Auch die Einführung der GPM-Zertifizierungssysteme war erfolgreicher als der Durchschnitt, zudem ist die Wahrscheinlichkeit einer erfolgreichen Einführung höher (Standardabweichung 0,78 statt 1,01).

	Durchschnitt aller Zert.sys.		GPM-Zert.system		Firmenind. Zert.system	
	AM	SA	AM	SA	AM	SA
Ausrichtung an Standards	0,74	0,56	1,00	0,00	0,20	0,84
Prüfungsinhalte	0,71	0,59	1,00	0,00	0,20	0,84
Prüfungsdurchführung	0,61	0,61	0,75	0,46	0,40	0,89
Verbreitung	0,33	0,77	0,44	0,73	-0,25	0,50
Kosten	0,17	0,62	0,00	0,53	0,60	0,55
Rezertifizierung	0,06	0,64	0,13	0,64	0,00	0,71
Zeitaufwand	0,00	0,75	-0,11	0,78	0,20	0,45

Bedeutung der Zahlenwerte:
-1 = Schwäche; 0 = Neutral; 1 = Stärke

Erfolg						
	0,80	1,01	0,89	0,78	1,00	1,10

Bedeutung der Zahlenwerte:
-2 = überhaupt nicht erfolgreich; -1 = nicht sehr erfolgreich;
1 = erfolgreich; 2 = sehr erfolgreich

Tabelle 3-7: Durchschnittliche Einschätzung der Qualität und des Erfolgs eingeführter PM-Zertifizierungssysteme

3.4.4.11 Gründe gegen PM-Zertifizierungen

Diejenigen Befragten, in deren Unternehmen keine PM-Zertifizierungssysteme eingesetzt werden, wurden nach dem Grund dafür gefragt. Hier gibt es ein eindeutiges Votum: die **mangelnde Individualität der Zertifizierungen** wird von 60 Prozent der Befragten als Hemmschuh für die Einführung genannt. Dies ist insofern interessant, als dass diese „mangelnde Individualität" von Zertifizierungssystemen zu einem gewissen Maß gewollt ist. Hier scheint ein gewisses Kommunikationsproblem über den Nutzen und das Ziel von Zertifizierungen vorzuliegen.

Weitere wichtige Gründe sind eine widersprüchliche Unternehmenskultur sowie Widerstände im Top Management (zusammen 45 %). Nur vereinzelt (15 %) wird ein zu hoher zeitlicher oder finanzieller Aufwand für die Zertifizierungen als Hinderungsgrund genannt.

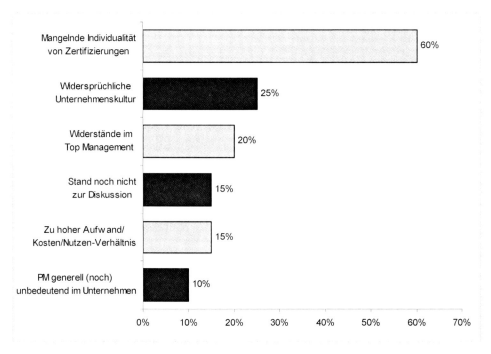

Abbildung 3-40: Gründe gegen PM-Zertifizierung

3.4.4.12 Weitere Entwicklung von PM-Zertifizierungen

Die weitere Entwicklung von PM-Zertifizierungen wird erheblich weniger einheitlich gesehen, als dies bei den PM-Standardisierungen der Fall war.

PM-Zertifizierungen im Allgemeinen werden aus Sicht der Befragten erheblich an Bedeutung zunehmen (83 %).

Bezüglich der Bedeutung im eigenen Unternehmen geht eine Hälfte von zunehmender (50 %), die andere von gleich bleibender Bedeutung aus (48 %).

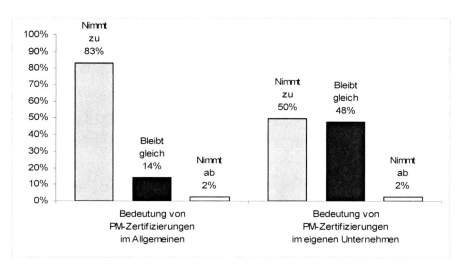

Abbildung 3-41: Weitere Entwicklung von PM-Zertifizierungen

	Arithmetisches Mittel	Standardabweichung
Bedeutung von PM-Zertifizierung im Allgemeinen	0,81	0,45
Bedeutung von PM-Zertifizierung im eigenen Unternehmen	0,48	0,55

Bedeutung der Zahlenwerte:
-1 = nimmt ab; 0 = bleibt gleich; 1 = nimmt zu

Tabelle 3-8: Durchschnittliche Einschätzung der weiteren Entwicklung von PM-Zertifizierungen

3.5 Clusteranalyse

Zusätzlich zur Darstellung der empirischen Befunde und der Auswertung der oben formulierten Hypothesen wird an dieser Stelle einer Clusteranalyse durchgeführt. Hierbei handelt es sich um ein gebräuchliches Verfahren zur Datenreduktion, dessen Ziel es ist, Objekte (in diesem Fall Unternehmen bzw. Beantworter der Fragebögen) zu Gruppen oder Clustern zusammenzufassen, wobei die Objektunterschiede innerhalb der Cluster möglichst klein und die Unterschiede zwischen den Clustern möglichst groß sind (vgl. [Lehn00, S. 150]).

In der vorliegenden Untersuchung wurden aus den Antworten auf die Fragen 25 Aussagen abgeleitet, denen eine Ausprägung zwischen „trifft überhaupt nicht zu" und „trifft voll zu" zugeordnet wurde. Anschließend wurden 6 „Unternehmenscluster gebildet, um zu untersuchen, ob diese Aussagen von unterschiedlichen Unternehmen signifikant anders bewertet werden (vgl. [FeFrGr05, S. 15ff]).

Außerdem wurden die Befragten selbst unter drei Aspekten gruppiert (3 „Personencluster") und ihre Einschätzung der Wege zur PM-Professionalisierung unter diesen Gesichtspunkten analysiert.

Details zur Bildung der Aussagen und Cluster finden sich in den Anhängen C und D.

Im Folgenden werden die Ergebnisse der Analyse je Cluster dargestellt. Da hier nur eine Korrelation, nicht aber ein kausaler Zusammenhang nachweisbar sein wird, werden die bemerkenswerten Unterschiede aufgezeigt und kommentiert, eine Aussage über ursächliche Zusammenhänge wird aber nicht vorgenommen.

3.5.1 Unternehmenscluster 1: Projekterfolg

Es sind teilweise deutliche Unterschiede in der Bewertung der Aussagen durch Unternehmen mit hohem, durchschnittlichem und niedrigem PM-Erfolg:

- Die Top-Unternehmen sind eher nicht projekt-, sondern matrixorganisiert.
- Ein PM-Laufbahnmodell alleine hat keinen eindeutigen Einfluss auf den Erfolg der Projekte.
- Die Top-Unternehmen legen zwar Wert auf „weiche Faktoren", jedoch nicht in dem Maße, wie dies die weniger erfolgreichen Unternehmen tun. Gleiches gilt für die Erfahrenheit von Projektmanagern.
- Der Einsatz von PM-Standards sowie die Forderung nach deren Kenntnis als Teil von Stellenanforderungen werden von Top-Unternehmen weit weniger verfolgt als von schwachen PM-Unternehmen. Gleiches gilt für die Schaffung eines zentralen PMO.
- Vielmehr konzentrieren sich die Top-Unternehmen auf einen Standard, statt mehrere parallel zu verfolgen und setzten PM-Standards mit einer hohen Qualität ein.
- Auch beim Einsatz von PM-Zertifizierungen ist feststellbar, dass die Top-Unternehmen nur ein System statt mehrerer parallel einsetzen.
- Die Ausbildung von Projektmanagern findet in den Top-Unternehmen gleichmäßig verteilt intern und extern statt. Zudem setzen Top-Unternehmen eher auf eine individuelle Ausbildung statt auf standardisierte Ausbildungswege. Schwache PM-Unternehmen konzentrieren sich dagegen sehr stark auf interne Trainings und setzen sowohl standardisierte als auch individuelle Qualifizierungen ein.

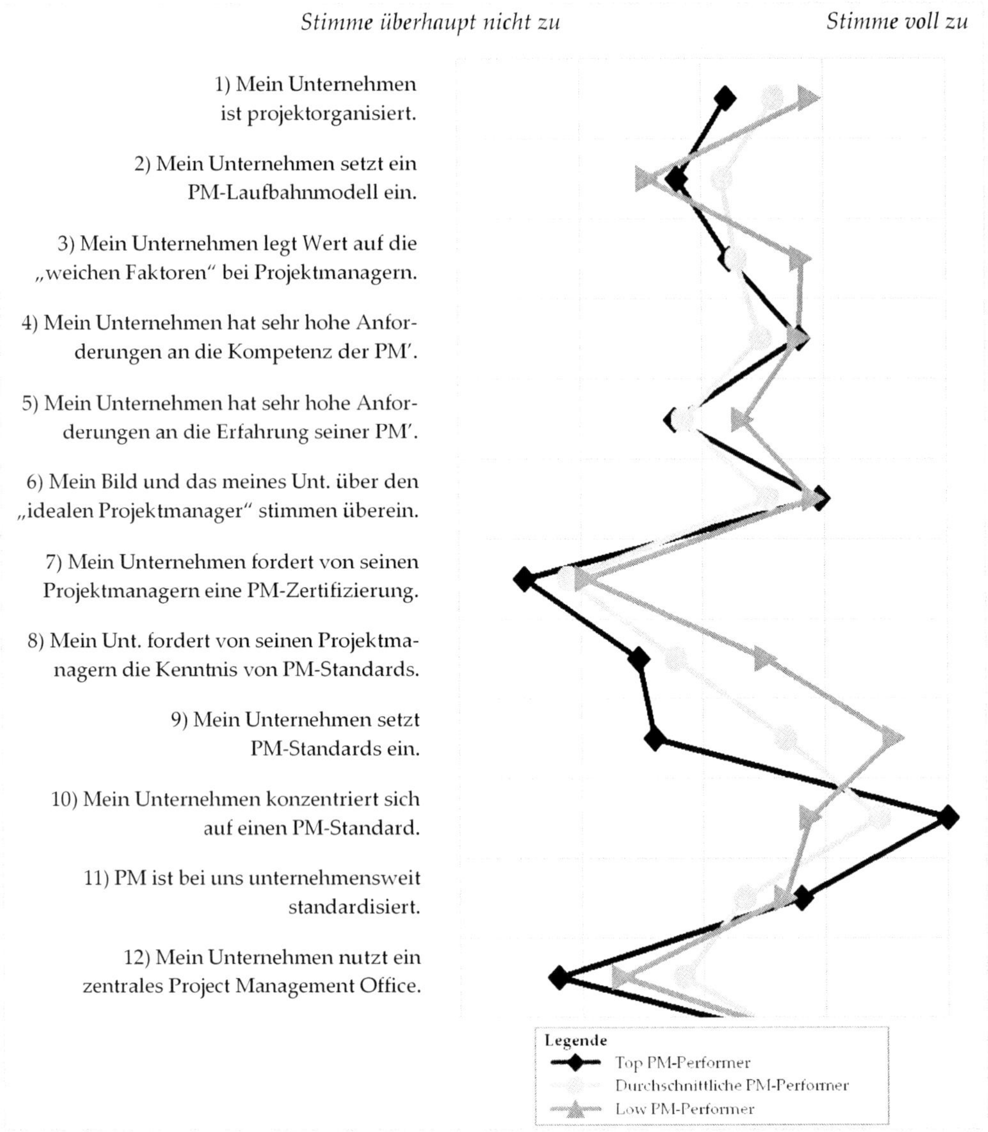

Stimme überhaupt nicht zu   *Stimme voll zu*

1) Mein Unternehmen ist projektorganisiert.

2) Mein Unternehmen setzt ein PM-Laufbahnmodell ein.

3) Mein Unternehmen legt Wert auf die „weichen Faktoren" bei Projektmanagern.

4) Mein Unternehmen hat sehr hohe Anforderungen an die Kompetenz der PM'.

5) Mein Unternehmen hat sehr hohe Anforderungen an die Erfahrung seiner PM'.

6) Mein Bild und das meines Unt. über den „idealen Projektmanager" stimmen überein.

7) Mein Unternehmen fordert von seinen Projektmanagern eine PM-Zertifizierung.

8) Mein Unt. fordert von seinen Projektmanagern die Kenntnis von PM-Standards.

9) Mein Unternehmen setzt PM-Standards ein.

10) Mein Unternehmen konzentriert sich auf einen PM-Standard.

11) PM ist bei uns unternehmensweit standardisiert.

12) Mein Unternehmen nutzt ein zentrales Project Management Office.

Legende
- Top PM-Performer
- Durchschnittliche PM-Performer
- Low PM-Performer

Abbildung 3-42: Unternehmenscluster "Projekterfolg" (1)

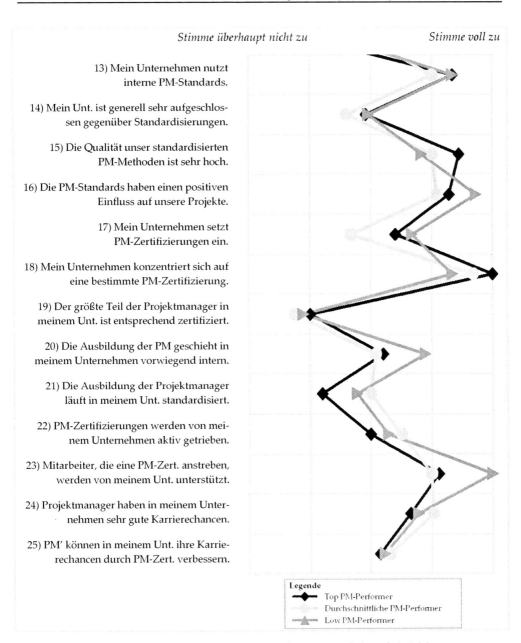

Abbildung 3-43: Unternehmenscluster "Projekterfolg" (2)

3.5.2 Unternehmenscluster 2: Einsatz von PM-Standards

Es existieren einige bemerkenswerte Unterschiede hinsichtlich einiger Aussagen, ob ein Unternehmen eher stärker oder eher weniger standardisiertes PM betreibt:

- Top-Nutzer von PM-Standards setzen häufiger auch ein PM-Laufbahnmodell ein.

- Unternehmen mit hohem Standardisierungsgrad legen erheblich mehr Wert auf „weiche Faktoren" als dies die durchschnittlichen und schwachen Nutzer von PM-Standards tun.

- Die Nutzung anderer Industriestandards hat offenbar keinen Zusammenhang mit der Nutzung von PM-Standards.

- PM-Zertifizierungen werden interessanterweise von denjenigen Unternehmen am stärksten genutzt, die eine durchschnittliche PM-Standardisierung haben. Dies zeigt sich sowohl in der Forderung nach Zertifizierungen in Stellenausschreibungen, im generellen Einsatz von Zertifizierungen und der Zahl der zertifizierten Projektmanager, der Unterstützung von Zertifizierungen durch das Unternehmen sowie darin, ob das Unternehmen oder die Mitarbeiter Zertifizierungen vorantreiben. Auch Unternehmen mit hoher PM-Standardisierung weisen hier eine hohe Zustimmung auf, während Unternehmen mit wenig Standardisierung auch Zertifizierungen eher schwächer einsetzen.

- Unternehmen mit schwacher PM-Standardisierung bilden ihre Projektmanager eher individuell aus, die anderen Unternehmen finden eher ein Gleichgewicht zwischen standardisierter und individueller Ausbildung.

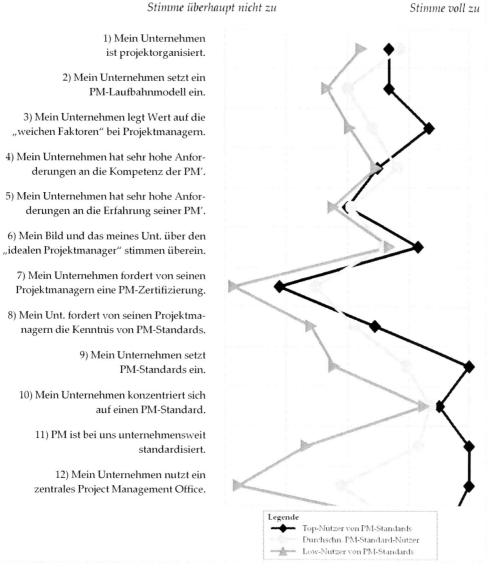

Abbildung 3-44: Unternehmenscluster „Nutzung PM-Standards" (1)

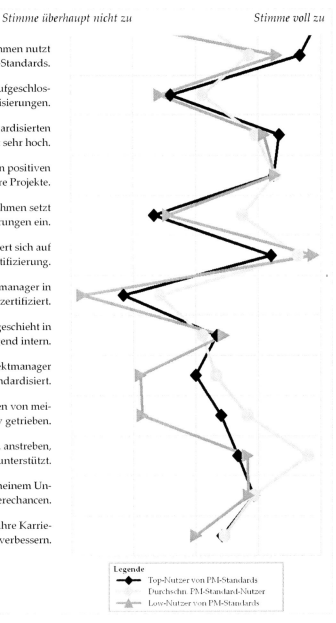

Abbildung 3-45: Unternehmenscluster "Nutzung PM-Standards" (2)

3.5.3 Unternehmenscluster 3: Einsatz von PM-Zertifizierungen

Hinsichtlich des unterschiedlich starken Einsatzes von PM-Zertifizierungen können folgende Unterschiede festgestellt werden:

- Starke Nutzer von PM-Zertifizierungen setzen auch eher ein PM-Laufbahnmodell ein.
- Unternehmen, die PM-Zertifizierungen stark nutzen, haben tendenziell höhere Ansprüche an Kompetenz und Erfahrung ihrer Projektmanager als Unternehmen, die diese nicht oder weniger nutzen.
- Der verstärkte Einsatz von Zertifizierungen führt nicht zu einer verstärkten Forderung nach der Kenntnis von PM-Standards in Stellenausschreibungen.
- Top-Nutzer von PM-Zertifizierungen haben die PM-Standardisierung häufiger unternehmensweit vorangetrieben als andere Unternehmen.
- Die „standardisierungsaffinen" Unternehmen, d. h. Unternehmen die verstärkt auch in anderen Bereichen Industriestandards nutzen, sind eher Nutzer von PM-Zertifizierungen.
- In Unternehmen, die PM-Zertifizierungen einsetzen, haben die PM-Standards einen positiveren Einfluss auf die Projektarbeit als in Unternehmen, die diese nur wenig nutzen.
- Je stärker PM-Zertifizierungen eingesetzt werden, desto eher ist die Ausbildung der Projektmanager standardisiert.
- Besonders bemerkenswert ist, dass in Unternehmen, die PM-Zertifizierungen stark einsetzen, die Initiative zur Zertifizierung gleichmäßig von Mitarbeitern und Unternehmen ausgeht, während in Unternehmen, die diese nur wenig einsetzen, die Unternehmen die Treiber sind.
- Top-Nutzer von PM-Zertifizierungen unterstützen ihre Mitarbeiter bei der Zertifizierungen erheblich deutlicher als die anderen Unternehmen.
- Die Karrierechancen im Projektmanagement sind bei allen Unternehmen im Durchschnitt gleich, einen positiven Einfluss auf die Karriere haben PM-Zertifizierungen aber vor allem in solchen Unternehmen, die diese auch stark nutzen.

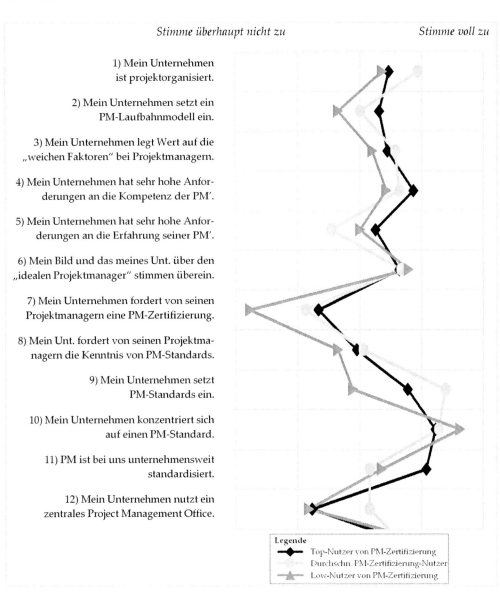

Abbildung 3-46: Unternehmenscluster „Nutzung PM-Zertifizierungen" (1)

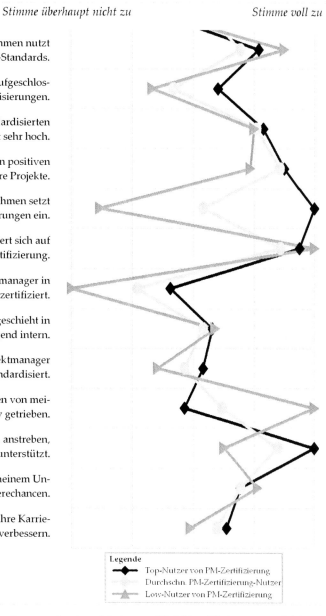

Abbildung 3-47: Unternehmenscluster „Nutzung PM-Zertifizierungen" (2)

3.5.4 Unternehmenscluster 4: Unternehmensgröße

Je nach Größe der Unternehmen lassen sich einige interessante Unterschiede in den Antworten aufzeigen. Es wird eine Kategorisierung in kleine Unternehmen (weniger als 500 MA), mittelgroße Unternehmen (500 bis 5000 MA) und große Unternehmen (mehr als 5000 MA) vorgenommen.

- PM-Laufbahnen gibt es vor allem in großen und teilweise auch in mittelgroßen Unternehmen. In kleinen Unternehmen gibt es keine PM-Laufbahnmodelle.
- Große Unternehmen legen einen höheren Wert auf „weiche Faktoren" als kleine und mittelgroße Unternehmen.
- Die Ansprüche an die Kompetenz von Projektmanagern sind in großen und mittelgroßen Unternehmen höher als in kleinen Unternehmen.
- Große und mittelgroße Unternehmen fordern PM-Zertifizierungen und Kenntnis von PM-Standards erheblich häufiger in Stellenausschreibungen als kleine Unternehmen.
- PM-Standards werden am häufigsten in Großunternehmen eingesetzt, in mittelgroßen Unternehmen finden sie am seltensten Einsatz.
- Trotz ihrer Größe sind gerade in großen und mittelgroßen Unternehmen die PM-Methoden unternehmensweit standardisiert.
- Zentrale PMO's sind vor allem in großen Unternehmen implementiert.
- Grundsätzlich werden mehr Industriestandards eingesetzt, je größer das Unternehmen ist.
- PM-Zertifizierungen werden vor allem sowohl von großen als auch von mittelgroßen Unternehmen genutzt. Große Unternehmen nutzen dabei tendenziell häufig auch unterschiedliche Zertifizierungssysteme.
- Große und mittelgroße Unternehmen bilden ihre Projektmanager eher intern und standardisiert aus als kleine Unternehmen.
- Die Karrierechancen für Projektmanager sind in den Unternehmen aller Größen ähnlich.

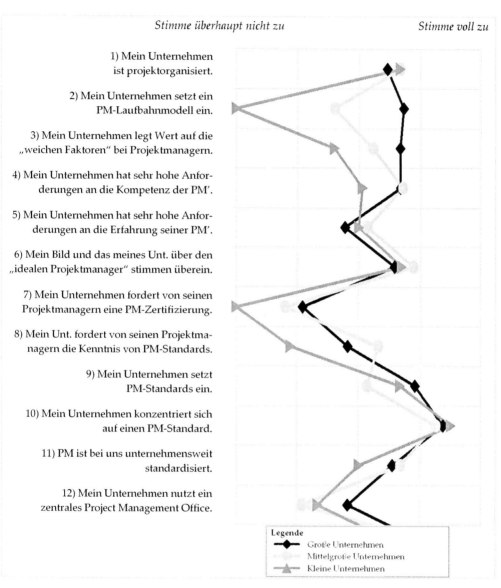

Abbildung 3-48: Unternehmenscluster „Unternehmensgröße" (1)

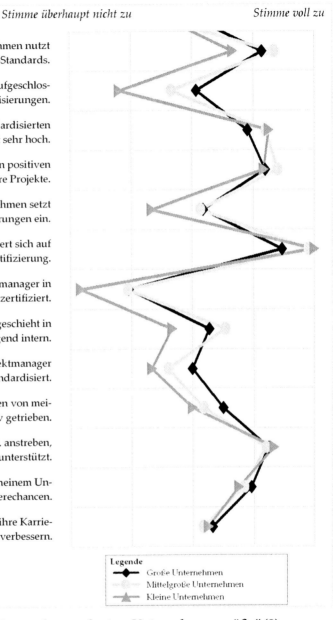

Abbildung 3-49: Unternehmenscluster „Unternehmensgröße" (2)

3.5.5 Unternehmenscluster 5: Branche des Unternehmens

Besonders deutliche Unterschiede sind in den verschiedenen Branchen festzustellen. Die Branchen werden dabei in die drei Gruppen „Traditionelle PM-orientierte Unternehmen" (Anlagenbau, Verteidigung, Elektronik und Chemie), „Moderne PM-orientierte Unternehmen" (IT und Telekommunikation) sowie „Unternehmen mit PM-Insellösungen" (übrige Branchen, d. h. hier Versicherungen, Automobil, Transport/Verkehr, Banken/Finanzdienstleister, Handel, Consulting) eingeteilt.

- Eine Projektorganisation existiert vor allem in der IT- und Telekommunikationsbranche. In traditionellen PM-Unternehmen wird eher in einer Matrixorganisation gearbeitet. Das Gleiche gilt für PM-Laufbahnmodelle; sie werden in den traditionellen PM-Branchen eher selten eingesetzt.

- Unternehmen mit traditioneller PM-Orientierung legen vergleichsweise geringen Wert auf „weiche Faktoren".

- Unternehmen mit PM-Insellösungen legen größeren Wert auf vorhandene Erfahrung der Projektmanager als die Unternehmen anderer Branchen.

- Der Einsatz von PM-Standards und PM-Zertifizierungen, die Forderung nach PM-Zertifizierungen in Stellenausschreibungen sowie eine hohe Anzahl zertifizierter Projektmanager findet sich mit Abstand am häufigsten bei IT- und Telekommunikationsunternehmen; am seltensten sind sie bei Unternehmen mit PM-Insellösungen.

- Eine unternehmensweite PM-Standardisierung haben vor allem die Unternehmen der traditionellen PM-Branchen erreicht.

- Zentrale PMOs werden vor allem in Unternehmen mit PM-Insellösungen genutzt.

- Vom Unternehmen getriebene und unterstützte PM-Zertifizierungen gibt es in Unternehmen mit PM-Insellösungen mit Abstand seltener als in den anderen Branchen.

- Die Karrierechancen für Projektmanager sind in den Unternehmen mit PM-Insellösungen am besten; dort können sie aber am wenigsten durch PM-Zertifizierungen gesteigert werden.

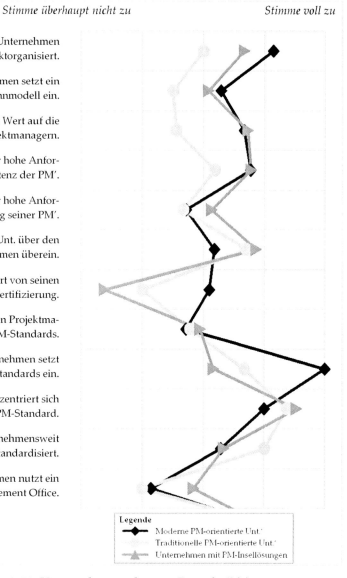

Abbildung 3-50: Unternehmenscluster „Branche" (1)

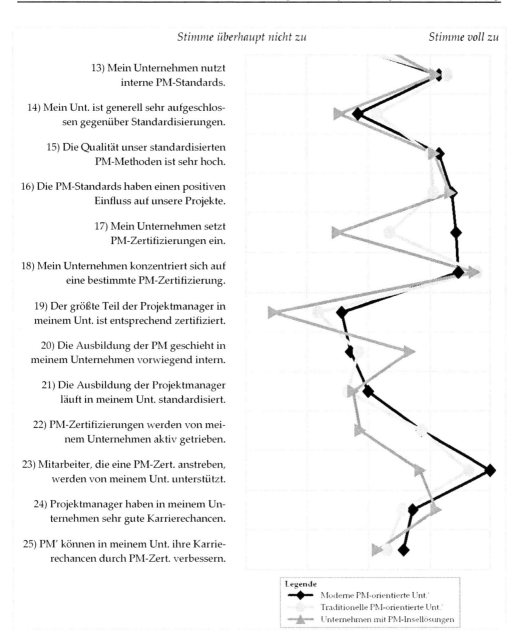

Abbildung 3-51: Unternehmenscluster „Branche" (2)

3.5.6 Unternehmenscluster 6: PM-Organisationsform

Je nach Organisationsform, in der die Unternehmen Projekte durchführen, sind Unterschiede festzustellen:

- PM-Laufbahnmodelle werden vor allem von Unternehmen mit Linien- und Matrixorganisation eingesetzt.

- Unternehmen mit Matrix- und Projektorganisation stellen erheblich höhere Ansprüche an Kompetenzen und Erfahrungen von Projektmanagern im Allgemeinen und an die „weichen Faktoren" im Speziellen als Unternehmen mit Linienorganisation.

- Die Abweichung zwischen Unternehmensanforderungen an Kompetenzen und Erfahrungen sowie den Anforderungen der Befragten ist bei Unternehmen mit Linienorganisation am höchsten.

- Die befragten Unternehmen mit einer Linien-PM-Organisation setzen keine übergreifenden PM-Standards ein, nutzen kein PMO, haben so gut wie keine zertifizierten Projektmanager eingestellt und es werden weder PM-Zertifizierungen noch Kenntnisse von PM-Standards in Stellenausschreibungen gefordert. Bei den anderen Unternehmen ist teilweise eine deutlich andere Einstellung zu erkennen.

- Linienorganisationen mit PM lassen aber Zertifizierungen, wenn sie durch die Mitarbeiter getrieben sind, zu und unterstützen diese dann auch.

- Die Karrierechancen sind für Projektmanager in Projektorganisationen am höchsten.

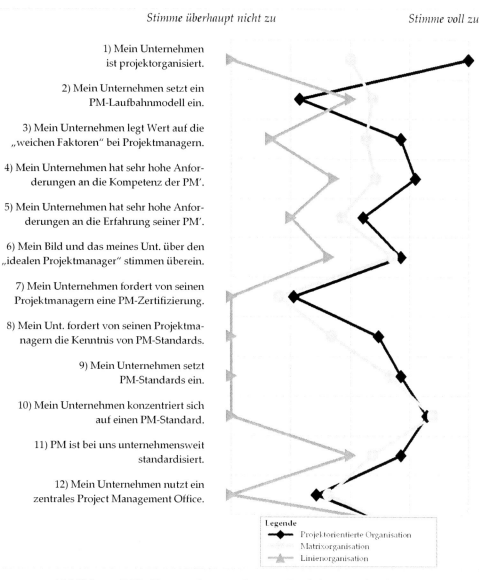

Abbildung 3-52: Unternehmenscluster „Projektorganisation" (1)

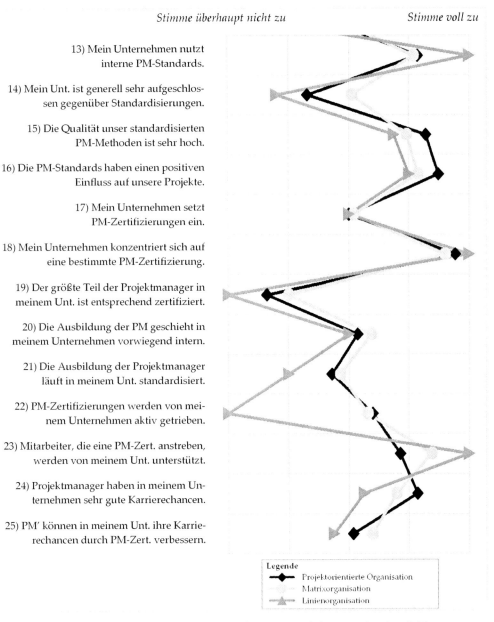

Abbildung 3-53: Unternehmenscluster „Projektorganisation" (2)

3.5.7 Personen-Clusteranalyse

Die eigene Rolle der Befragten im Projektmanagement der Unternehmen hat nur geringen Einfluss auf die Einschätzung der PM-Professionalisierungsmethode. Zusammengefasst kann nur gesagt werden, dass Projektpersonal (Projektmitarbeiter und Projektleiter) mehr Vertrauen in PM-Institutionen und kommerzielle Zertifikate hat als Projektentscheider. Projektentscheider bewerten dagegen PM-Standardisierung, PM-Zertifizierung sowie universitäre und nicht-akademische Ausbildungen besser. Die Rangfolge der Bewertung ist aber bei beiden Personengruppen beinahe identisch.

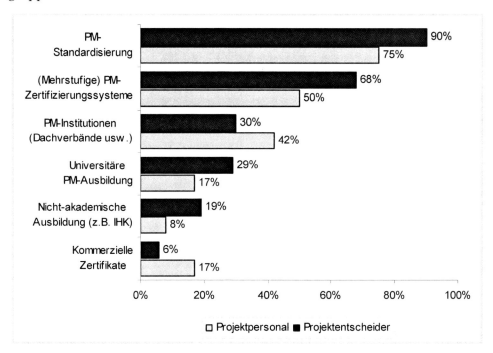

Abbildung 3-54: Personencluster "Rolle im Projektmanagement"

Bei der Unterscheidung der Personen mit oder ohne eigene PM-Zertifizierung gibt es einige deutlichere Unterschiede. Zunächst kann tendenziell festgestellt werden, dass Zertifizierte mehr Vertrauen in den Beitrag von PM-Standardisierung, PM-Zertifizierung und PM-Dachverbänden zur PM-Professionalisierung haben, während die übrigen Befragten universitären und nicht-akademischen Ausbildungen erheblich mehr Bedeutung zumessen.

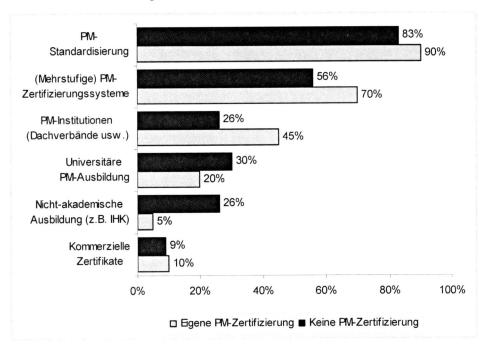

Abbildung 3-55: Personencluster "Eigene PM-Zertifizierung"

Noch deutlicher werden die Unterschiede bei der Betrachtung, ob die Befragten Mitglied in einem PM-Dachverband sind. Mitglieder setzen erheblich mehr auf PM-Standardisierung und PM-Institutionen als andere. Im Gegensatz dazu halten die Nicht-Mitglieder PM-Zertifizierungen, universitäre, nicht-akademische und kommerzielle Ausbildungen für zielführender.

Besonders deutlich sind die unterschiedlichen Einschätzungen in der Bedeutung von

- PM-Institutionen: Mitglieder haben erheblich mehr Zutrauen (48 %) als die Nicht-Mitglieder (mit 17 Prozent auf dem letzten Rang).
- Nicht-akademischen und kommerziellen Ausbildungen: Nicht-Mitglieder sehen hier großes Potenzial (33 % bzw. 17 %), während die Mitglieder diese auf dem letzten Rang sehen (je nur 4 %).

Interessant ist auch, dass die Dachverbandsmitglieder etwas weniger Potenzial zur PM-Professionalisierung in PM-Zertifizierungen sehen als Nicht-Mitglieder, obwohl diese Zertifizierungssysteme ja gerade von „ihren" Verbänden angeboten werden.

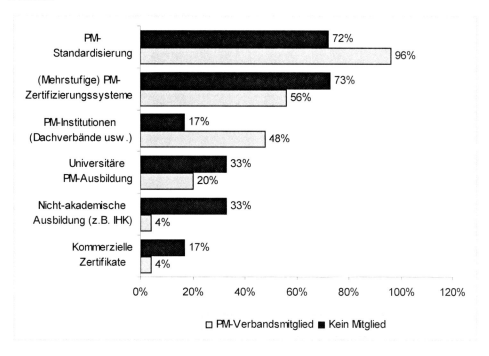

Abbildung 3-56: Personencluster "Eigene PM-Verbandsmitgliedschaft"

3.6 Auswertung der Hypothesen

Die Auswertung der Hypothesen analysiert, inwiefern die anhand der Literaturarbeit und Auswertung bestehender Studien gebildeten Annahmen von den Ergebnissen der eigenen Studie bestätigt oder widerlegt werden können. Zusammenfassend kann gesagt werden, dass die Hypothesen größtenteils gestützt werden. Untersuchungsergebnisse, die Annahmen der Hypothesen widerlegen, sind in kursiver Schrift gedruckt.

Hypothese 1: PM-Standardisierung hat sich in den Unternehmen durchgesetzt, vor allem auf Basis individueller Standards. Die Bedeutung von Standardisierung wird in den nächsten Jahren nicht mehr weiter zunehmen.

- Alle Befragten geben an, dass PM in ihrem Unternehmen standardisiert ist. In 64 Prozent der befragten Unternehmen ist PM unternehmensweit standardisiert.

- Grundlage der Standardisierung sind in 60 Prozent der Fälle interne Standards. In weiteren 38 Prozent werden interne und externe Standards parallel genutzt.

- *Entgegen der Hypothese geht ein Großteil der Befragten (81 %) von einer weiter zunehmenden Bedeutung von PM-Standardisierung in den nächsten Jahren aus. Auch in den einzelnen Unternehmen wird ihre Bedeutung weiter zunehmen, meinen 74 Prozent der Befragten.*

Hypothese 2: PM-Zertifizierung wird als bedeutendes Thema für die nächsten Jahre angesehen; aktuell nutzen die meisten Unternehmen jedoch noch keine PM-Zertifizierung.

- 83 Prozent der Befragten gehen von einer zunehmenden Bedeutung von PM-Zertifizierungen in der Zukunft aus.

- *Bereits die Hälfte der befragten Unternehmen (51 %) nutzt PM-Zertifizierungen.*

Hypothese 3: Bei der Besetzung von Stellen im Projektmanagement hat die Kenntnis von PM-Standards eine hohe Bedeutung, während eine entsprechende Zertifizierung nur selten gefordert wird.

- Nur 19 Prozent der befragten Unternehmen fordern in der Ausschreibung von PM-Stellen keine Kenntnisse über PM-Standards. Alle anderen machen dies von der Stelle abhängig (37 %) oder definieren dies als Soll-Anforderung (30 %) oder als Muss-Anforderung (14 %).

- 60 Prozent der Unternehmen fordern in entsprechenden Stellenausschreibungen keine PM-Zertifizierung. Nur in einem befragten Unternehmen (2 %) sind diese Muss-Anforderungen. In den übrigen Unternehmen werden sie als Soll-Anforderung gesehen oder stellenabhängig gefordert (je 19 %).

Hypothese 4: Die Nutzung von PM-Standardisierung und –Zertifizierung ist branchen- und unternehmensgrößenabhängig. Vorreiter sind große Unternehmen sowie IT-Unternehmen.

- PM-Standards und PM-Zertifizierungen werden mit Abstand am häufigsten in IT- und Telekommunikationsunternehmen eingesetzt. Es folgen die traditionellen PM-Branchen Anlagenbau/Verteidigung/Elektronik/Chemie. Unternehmen mit PM-Insellösungen (übrige Branchen) setzen sie nur selten ein.

- PM-Standards werden am häufigsten in Großunternehmen (> 5.000 MA) sowie in kleinen Unternehmen (< 500 MA) eingesetzt. Die Standardisierung in mittelgroßen Unternehmen (500 – 5000 MA) ist am wenigsten vorangeschritten. PM-Zertifizierungen werden eher von mittelgroßen und großen Unternehmen genutzt. Kleine Unternehmen nutzen sie erheblich seltener.

Hypothese 5: Der intensive Einsatz von PM-Standards und die breite Zertifizierung von Projektmanagern führt zu einem höheren Anteil erfolgreicher Projekte im Unternehmen.

- Es ist nicht von Bedeutung, ob eine Standardisierung stattfindet oder nicht – hier kann sogar das Gegenteil behauptet werden: Tendenziell sind eher die Unternehmen erfolgreicher, die überhaupt keine Standardisierung nutzen. Wichtiger sind die Konzentration auf einen PM-Standard (statt der Nutzung vieler einzelner), die unternehmensweite Standardisierung (statt der Standardisierung auf niedrigerer Ebene) und die hohe Qualität der eingesetzten PM-Standards.

- Der Anteil zertifizierter Projektmanager ist bei erfolgreichen und weniger erfolgreichen Unternehmen ähnlich gering. Auch hier ist eher von Bedeutung, dass das Unternehmen sich auf ein PM-Zertifizierungssystem konzentriert und nicht mehrere gleichzeitig verfolgt.

Hypothese 6: Obwohl die Qualität der standardisierten PM-Methoden sehr hoch ist, ist die Akzeptanz dieser Standards bei ihren Nutzern recht niedrig.

- Die Qualität der PM-Standards wird als relativ hoch eingeschätzt, insbesondere unter den Aspekten der Erlernbarkeit und Anwendbarkeit. Zudem erleichtern sie die operative Projektdurchführung und beeinflussen die Zeitziele der Projekte positiv. Allerdings werden Praxisnähe und Akzeptanz nur knapp besser als mittelmäßig eingeschätzt.

Hypothese 7: Durch PM-Zertifizierung können Mitarbeiter ihre Karrierechancen im Unternehmen erheblich verbessern.

- *Nur 37 Prozent der Befragten geben an, dass sich durch PM-Zertifizierungen die Karrierechancen verbessern; in 58 Prozent der Unternehmen haben sie keinen Einfluss.*

Hypothese 8: Es gibt keinen spezifischen Auslöser für den Einsatz einer PM-Zertifizierungsprogramms. Gründe gegen PM-Zertifizierung sind vor allem der hohe zeitliche und finanzielle Aufwand.

- *Gründe für PM-Zertifizierungsprogramme sind vor allem der Standardisierungs- und Professionalisierungsdruck (zusammen 55 %) sowie Anforderungen von Kunden und Märkten (35 %).*

- *Gegen Zertifizierungen spricht vor allem ihre mangelnde Individualität (60 %). Nur 15 Prozent der Unternehmen, die sie nicht nutzen, werden vom Aufwand für ihre Implementierung abgehalten.*

Hypothese 9: Projektmanagement ist eine Führungsaufgabe. Aus diesem Grund sind soziale Kompetenz sowie Führungskompetenz und Führungserfahrung bedeutende Bestandteile des Anforderungsprofils an erfolgreiche Projektmanager.

- Aus Sicht der Befragten und ihrer Unternehmen sind Führungs- und soziale Kompetenz, zusammen mit allgemeiner PM- und Methodenkompetenz die bedeutendsten Kompetenzen erfolgreicher Projektmanager.

- *Aus Sicht der Befragten ist Führungserfahrung nach PM-Erfahrung die wichtigste Art von Erfahrung, die ein Projektmanager sammeln sollte. Allerdings legen die Unternehmen bei der Stellenbesetzung vergleichsweise geringen Wert darauf.*

Hypothese 10: Eine PM-Zertifizierung allein kann keine eindeutige Aussage über die Qualität eines Mitarbeiters als Projektmanager machen.

- Eine PM-Zertifizierung kann aus Sicht der Befragten lediglich zu den beiden Kompetenzfeldern PM-Kompetenz und Methodenkompetenz sowie zur PM-Erfahrung Anhaltspunkte liefern. Wichtige andere Anforderungen, wie Führungs- und soziale Kompetenz, können von ihr nicht bestätigt werden.

3.7 Fazit

Die Ergebnisse der empirischen Untersuchung waren erheblich gehaltvoller als zunächst gedacht. Die aus der Grundlagenarbeit entstandenen Arbeitshypothesen konnten zum großen Teil bestätigt, teilweise jedoch auch sehr aufschlussreich widerlegt werden.

Zudem wurde durch die Clusteranalyse eine detaillierte Untersuchung der Zusammenhänge unterschiedlicher Aspekte möglich.

Schließlich hat auch die Untersuchung der Einzelfragen den aktuellen Umsetzungsstand von Projektmanagement-Standardisierung und –Zertifizierung sowie teilweise deren Ursachen beleuchten können.

Aufbauend auf diesen Ergebnissen werden im nun folgenden Kapitel Entwicklungsmöglichkeiten und Handlungsempfehlungen für Unternehmen entwickelt.

4 Entwicklung von Handlungsempfehlungen

Zum Abschluss werden aus den Erkenntnissen der Literaturarbeit und den Ergebnissen der durchgeführten empirischen Untersuchung Handlungsempfehlungen für Unternehmen abgeleitet.

4.1 Relevante Erkenntnisse der empirischen Untersuchung

Die folgenden Erkenntnisse der empirischen Untersuchung sind für Einschätzung der weiteren Entwicklung von PM-Standardisierung und PM-Zertifizierung in den Unternehmen sowie für die Ableitung von Handlungsempfehlungen von besonderer Bedeutung.

4.1.1 Kompetenzen von Projektmanagern

- Die wichtigsten Kompetenzen für Projektmanager sind allgemeine PM-Kompetenz, Methodenkompetenz, Führungskompetenz und soziale Kompetenz.

- Erfahrung im Projektmanagement ist erforderlich, um Projektmanager besonders erfolgreich zu machen. Die Unternehmen nutzen Projekte dazu, um Mitarbeiter auch ohne große vorhandene Erfahrung an Führungsaufgaben heranzuführen. Hierdurch entwickelt sich die weitere bedeutsame Erfahrung für einen erfolgreichen Projektmanager – Führungserfahrung.

- Unternehmen fordern relativ selten betriebswirtschaftliche Kompetenzen von ihren Projektmanagern. Dies könnte ein Grund für die in der Literatur beschriebenen und auch in der Praxis bekannten Probleme mit der Wirtschaftlichkeit von Projekten sein.

- PM-Zertifizierungen werden vom größten Teil der Befragten als die verlässlichste Form der Bestätigung von Projektmanagement- und Methodenkompetenz angesehen. Für andere Kompetenz- oder Erfahrungsfelder sind sie aus Sicht der Befragten als Bestätigungsform jedoch ungeeignet.

- Bevorzugte Wege, um die vorliegende Kompetenz und vorhandene Erfahrung von potenziellen Projektmanagern zu ermitteln, sind Arbeitszeugnisse sowie Referenzen von Kunden.

- Die Kenntnis von PM-Standards stellt einen großen Anteil am Anforderungsprofil von Projektmanagern dar. PM-Zertifizierungen können ein Mittel sein, dies zu bestätigen – die Zertifizierung an sich hat aktuell jedoch keine besondere Bedeutung in Stellenausschreibungen.

4.1.2 Ausbildung und Karriere im Projektmanagement

- In vielen Unternehmen ist eine Tätigkeit im Projektmanagement nur von zeitlich begrenzter Dauer. Auf Dauer werden von den Mitarbeitern vielfach Fach- oder Führungspositionen angestrebt. Ein Grund hierfür ist, dass sie hier bessere Chancen für eine Weiterentwicklung als im Projektmanagement sehen. Die Schaffung von PM-Laufbahnmodellen kann dieser Abwanderung von erfahrenem Projektpersonal entgegenwirken; solche Modelle existieren aber erst in etwa der Hälfte der Unternehmen. Zudem ist zu beachten, dass die bloße Schaffung eines PM-Laufbahnmodells nicht automatisch zu erfolgreicheren Projekten führt.

- PM-Laufbahnmodelle helfen gerade Unternehmen ohne eine Projektorganisation dabei, Projektmitarbeitern und Projektleitern die Weiterentwicklung außerhalb der üblichen Führungslaufbahnen zu ermöglichen.

- Es bietet sich an, PM-Laufbahnmodelle und PM-Zertifizierungen gemeinsam zu betrachten. Beide Aspekte unterstützen sich gegenseitig.

- Die Ausbildung von Projektmitarbeitern findet in erfolgreichen PM-Unternehmen vor allem für jeden Mitarbeiter individuell geplant statt. Dabei werden sowohl interne Schulungsangebote als auch Trainings von externen Anbietern genutzt.

- Die Karrierechancen im Projektmanagement werden von den Befragten als gut eingeschätzt. Insbesondere in den klassischen und modernen PM-Branchen sind sie jedoch schlechter als in anderen Unternehmen. Durch eine Zertifizierung können die Karrierechancen in manchen Unternehmen steigen.

4.1.3 PM-Standardisierung

- Die PM-Standardisierung hat sich in den letzten Jahren erheblich weiterentwickelt; sowohl auf der „Angebotsseite" (den am Markt befindlichen Standards und Kanons) als auch auf der „Nutzerseite" (den Unternehmen). Trotzdem sehen die Befragten auch in der Zukunft noch weitere Entwicklungsmöglichkeiten. Besonders erfolgreiche PM-Unternehmen konzentrieren sich dabei auf einen PM-Standard, statt mehrere parallel zu verfolgen.

- PM-Standardisierungsprogramme sind vor allem „von innen" motiviert, d. h. durch den Wunsch des Unternehmens nach einer Professionalisierung seines Projektmanagements. PM-Zertifizierungen hingegen sind ungefähr zu gleichen Teilen „von innen" und „von außen", d. h. durch den Druck von Markt und Kunden, motiviert.

- Die standardisierten Methoden in den Unternehmen haben zwar einen positiven Einfluss auf die Projektdurchführung, sind gut erlernbar und anwendbar. Aus Sicht der Nutzer sind sie aber nicht ausreichend praxisnah und noch nicht vollständig akzeptiert.

- PM-Standards schaden den Projekten nicht, stattdessen helfen sie den Projektmanagern bei der Arbeit und unterstützen das Projektteam bei der Einhaltung der Terminziele. In Unternehmen, die besonders viele erfolgreiche Projekte abwickeln, ist die Qualität der PM-Standard überdurchschnittlich hoch.

- Eine unternehmensweite Standardisierung ist auch in Großunternehmen möglich. Die reine Größe ist hier kein Hinderungsgrund.

- Gerade Unternehmen, die keine klassischen PM-Nutzer sind, haben einen Aufholbedarf beim Einsatz von PM-Standardisierung und PM-Zertifizierung.

- Insbesondere für Unternehmen mit PM-Insellösungen können zentrale Project Management Offices ein Mittel sein, um die PM-Standardisierung im Unternehmen voranzutreiben.

4.1.4 PM-Zertifizierungen

- Die Vermarktung von PM-Zertifizierungen funktioniert gut – die größten Systeme sind den meisten Befragten bekannt. Die Bekanntheit liegt durchschnittlich sogar über dem der (schon länger auf dem Markt befindlichen) PM-Standards.

- Etwa die Hälfte der Unternehmen setzt heute PM-Zertifizierungen ein. Die Bedeutung von Zertifizierungen wird in Zukunft jedoch aus Sicht der Befragten zunehmen.

- Während das GPM-Zertifizierungssystem in Deutschland auch beim Einsatz in den Unternehmen führend ist, werden PMI-Zertifizierungen vor allem als „Zusatzzertifizierung" genutzt. Erfolgreiche PM-Unternehmen konzentrieren sich dabei zumeist auf nur ein Zertifizierungssystem.

- PM-Zertifizierungen sind häufig nicht integriertes Werkzeug der Personalentwicklung, sondern freiwillige Möglichkeiten zur zusätzlichen Qualifizierung. Ebenso wenig werden sie als systematische Methode zur PM-Professionalisierung wahrgenommen.

- PM-Zertifizierungssysteme haben in Unternehmen mit einem Zielkonflikt zu kämpfen. Einerseits wird eine hohe Qualität erwartet, andererseits werden die notwendigen Investitionen von Zeit und Geld in die erstmalige Zertifizierung sowie für die Rezertifizierung bemängelt.

- Unternehmen, die ein PM-Zertifizierungssystem eingeführt haben, sind mit dessen Einführung zufrieden oder sehr zufrieden. Dies gilt insbesondere für Systeme auf Basis der GPM-Zertifizierungen. Firmenindividuelle Systeme helfen zwar, die Kosten von PM-Zertifizierungen zu verringern, können aber qualitativ nicht mit GPM-Zertifizierungen mithalten.

- PM-Zertifizierungen zu nutzen und zu unterstützen kann ein Weg für Unternehmen zu einer höheren PM-Standardisierung sein. In diesem Fall „diffundiert" die Standardisierung durch die entsprechend zertifizierten Mitarbeiter in das Unternehmen, ohne dass es ein gezieltes Standardisierungsprogramm gibt. Eine intensive Nutzung von PM-Zertifizierungen kann auch eine Ausbreitung der PM-Standardisierung auf das gesamte Unternehmen unterstützen.

- PM-Zertifizierungen passen offenbar gut zu Unternehmen, die „standardisierungsaffin" sind, d. h. Industriestandards stark nutzen und auch die Ausbildung der Projektmanager standardisiert durchführen (wollen).

- Erfolgskritisch für PM-Zertifizierungen ist vor allem, die Mitarbeiter dazu zu bringen, auch aus eigener Motivation diese Zertifizierung anzustreben und zum anderen, die Mitarbeiter dabei zu unterstützen.

4.2 Handlungsmodelle für Unternehmen

Aus den gerade formulierten wesentlichen Erkenntnissen können nun eine Reihe von Handlungsempfehlungen für Unternehmen abgeleitet werden.

4.2.1 Projektmanager mit betriebswirtschaftlicher Kompetenz ausstatten

Betriebswirtschaftliche Kompetenz sollte auch bei Projektmanagern stärker gefordert werden. Dies wird sowohl von Ergebnissen der empirischen Untersuchung als auch durch weitere Studien und Beiträge in der Literatur gestützt. Die vielfältigen Beispiele von wirtschaftlich fehlgeschlagenen Großprojekten zeigen, dass auch technisch funktionierende Projektergebnisse betriebswirtschaftlichen Gesichtspunkten nicht immer genügen.

Die bisher recht geringe Beachtung dieser Kenntnisse kann u. a. auf den oftmals technischen Hintergrund von Projektleitern zurückgeführt werden. Durch entsprechende Schulungsmaßnahmen, aber auch durch eine verstärke wirtschaftliche Verantwortung von Mitarbeitern für ihr Projekt (z. B. durch Budgetverantwortung), kann die betriebswirtschaftliche Kompetenz gefördert werden.

4.2.2 Qualifizierung von Projektmanagern auf breitere Beine stellen

Im Rahmen der Qualifizierung von Projektmanagern sollten die Verantwortlichen nicht nur interne und standardisierte „Projektmanagementtrainings" in Betracht ziehen.

Vielmehr sollten die konkreten Anforderungen des Mitarbeiters und der aktuellen Situation im Vordergrund bei der Qualifizierungsplanung stehen. Hierbei sollten auch externe Angebote beachtet werden, welche durch die mögliche Spezialisierung vielfach passgenauere Schulungen anbieten können.

4.2.3 Bestehende PM-Standards auf Praxisnähe und Akzeptanz prüfen

Die in fast allen Unternehmen vorhandenen PM-Standards und –Handbücher sollten auf ihre Praxisnähe und ihre Akzeptanz bei den Nutzern überprüft und gegebenenfalls angepasst werden.

Qualitativ noch so hochwertige und durchdachte Methoden und Prozesse bringen nichts, wenn sie von denjenigen, die sie anwenden sollen, nicht akzeptiert und deshalb nicht genutzt werden. Ein Grund hierfür kann eine Über- oder Unterregulierung sein.

Nur Standards, die auch gelebt werden, können ihren vollen Nutzen für das Unternehmen erbringen.

4.2.4 PMOs zur Unterstützung der PM-Standardisierung nutzen

Project Management Offices können zur Institutionalisierung und Systematisierung der PM-Standardisierung genutzt werden. Ihr zentraler und integrativer Charakter prädestiniert sie hierfür.

Gerade in Unternehmen, die traditionell wenig Projektmanagement einsetzen oder wo PM nur in „PM-Inseln" eingesetzt wird, können PMOs helfen, um über Matrix- oder Linienorganisationsgrenzen hinweg Projekte und Projektmanager zu unterstützen.

4.2.5 Auf einen PM-Standard und auf eine PM-Zertifizierung konzentrieren

Es kommt primär nicht darauf an, welchen Standard man einsetzt oder ob man möglichst viele unterschiedliche PM-Zertifizierungen nutzt.

Erfolgskritisch für die PM-Standardisierung und PM-Zertifizierung selbst sowie für ihren positiven Einfluss auf den Erfolg der im Unternehmen durchgeführten Projekte ist die Konzentration auf genau ein System. Andernfalls wird der Nutzen einer Standardisierung ad absurdum geführt.

4.2.6 PM-Zertifizierungen im Rahmen der Personalauswahl gezielt nutzen

PM-Zertifizierungen sind ideale Wege festzustellen, wie es um die Projektmanagement- und Methodenkompetenz eines Mitarbeiters oder Bewerbers bestellt ist. Genau für diese Aspekte haben PM-Zertifizierungen großen Wert bei der Personalauswahl bzw. Projektbesetzung.

Das Anforderungsprofil eines Projektmanagers ist jedoch erheblich vielschichtiger. Über einen Großteil der Anforderungen können PM-Zertifizierungen keine Aussage treffen, z. B. über soziale und Führungskompetenzen. Hierfür müssen weiterhin andere Nachweise herangezogen werden wie die klassischen Arbeitszeugnisse und Assessment Centers.

4.2.7 PM-Zertifizierungen und PM-Laufbahnmodelle als integratives Werkzeug der Personalentwicklung und PM-Professionalisierung nutzen

PM-Zertifizierungen können mit PM-Laufbahnmodellen als integratives Werkzeug der Personalentwicklung und der PM-Professionalisierung genutzt werden.

Einerseits helfen sie Unternehmen dabei, Mitarbeitern in Projekten eine Weiterentwicklung auch außerhalb der klassischen Führungslaufbahn zu ermöglichen und durch diese Motivation die Abwanderung gerade der besten Kräfte zu verhindern. Andererseits sind PM-Zertifizierte als Multiplikatoren für ein professionalisiertes Projektmanagement im Unternehmen zu sehen.

4.2.8 Zielkonflikte im Rahmen der PM-Zertifizierungen auflösen

PM-Zertifizierungen sollen eine standardisierte, qualitativ hochwertige Aussage über bestimmte Eigenschaften von Projektmanagern geben. Aus diesem Grunde ist es erforderlich, die Prüfungen und ihre Vorbereitung entsprechend auszugestalten. Dafür ist die Investition von Zeit und Geld nicht zu umgehen. Dessen sollten sich die nutzenden Unternehmen bewusst sein.

5 Fazit und Ausblick

Die vorliegende Untersuchung bietet eine Vielzahl von Ansatzmöglichkeiten für eine weitergehende wissenschaftliche Betrachtung des Themas. So sind die getroffenen Aussagen auf Basis der Untersuchung durch die relative kleine Stichprobe nur eingeschränkt repräsentativ. Außerdem wäre es an vielen Stellen interessant gewesen, tiefer zu gehen, z. B. bei der genauen Form der Ausgestaltung von PM-Zertifizierungs- und PM-Laufbahnsystemen. Es existiert weiterhin noch kein wissenschaftlicher Beleg dafür, dass eine hohe Standardisierung und/oder Nutzung von Zertifizierungen für die Unternehmen auch wirtschaftlichen Sinn macht. Forschenswert wäre auch die Frage, inwiefern die Werkzeuge der PM-Personalentwicklung (Qualifizierung, Zertifizierung, Laufbahnmodelle) in einen integrativen Zusammenhang gebracht werden könnten.

Für interessierte Unternehmen sowie die PM-Gemeinschaft können die Inhalte dieses Buches vielfältige Ansätze für eine weitere Beschäftigung mit dem Themengebiet Standardisierung und Zertifizierung liefern. Vor allem wird deutlich, dass die Bedeutung von Projektmanagement allgemein und der Standardisierung und Zertifizierung im Besonderen in den nächsten Jahren erheblich zunehmen wird. Unternehmen, die Projektmanagement einsetzen, sind gut beraten, bereits frühzeitig eine Strategie zur Professionalisierung des Projektmanagements in ihrem Unternehmen zu entwickeln, um hier nicht in Rückstand zu geraten.

Geschlossen werden soll das Buch mit einem visionären Zitat. Ross Foti stellt in einem Ausblick auf das Projektmanagement im Jahr 2025 fest: „In the Year 2025 organizations unconditionally accept PM methods as integral to meeting fast-paced market demands. (…) PM skills are expected among executives responsible for a company's financial success. (…) As a managing-by-projects methodology becomes embedded in corporate culture, globally accepted standards govern those who pursue a PM career. Certification is a business requirement" ([Foti01]).

Anhang

A   Fragebogen

Im Original umfasste der Fragebogen fünf DIN A4-Seiten. Wegen des abweichenden Seitenlayouts wird er hier nur inhaltlich, nicht jedoch vom Seitenaufbau her, identisch wiedergegeben.

Teil I – Ihre Daten

1. Name/Firma

   _____

   _____

2. Welche Rolle üben Sie im Projektmanagement (PM) Ihres Unternehmens aus?
   - ❏ Projekt-Mitarbeiter
   - ❏ Projektleiter / Projektmanager
   - ❏ Projektbüro / PM-Office / Programmmanager
   - ❏ Linienmanager

3. Haben Sie selbst eine PM-Zertifizierung – wenn ja, welche (Mehrfachnennungen)?

   ○ ja   ○ nein
   - ❏ PMI (CAPM, PMP)
   - ❏ GPM/IPMA (Level A-D)
   - ❏ firmenspezifisch
   - ❏ andere:

     _____

4. Sind Sie persönlich Mitglied in einem PM-Verband – wenn ja, in welchem (Mehrfachnennungen)?

   ○ ja   ○ nein
   - ❏ PMI
   - ❏ GPM
   - ❏ andere:

     _____

5. Welche der folgenden Instrumente tragen Ihrer Meinung nach besonders erfolgreich zur Professionalisierung von PM bei (Mehrfachnennungen)?

❏ PM-Standardisierung
❏ PM-Institutionen (z. B. Berufsverbände)
❏ (mehrstufige) PM-Zertifizierungssysteme
❏ universitäre PM-Ausbildungen und –Abschlüsse
❏ nicht-akademische Ausbildungen (z. B. IHK)
❏ kommerzielle PM-Zertifikate (z. B. von Schulungsunternehmen)

Teil II – Das Projektmanagement-Umfeld in Ihrem Unternehmen

6. In welcher Organisationsform werden in Ihrem Unternehmen Projekte durchgeführt?
   ○ rein funktionale / Linienorganisation
   ○ Matrixorganisation
   ○ projektorientierte Organisation

7. Existiert in Ihrem Unternehmen ein projektorientiertes Laufbahnmodell (z. B. in Form einer Fachkarriere im Projektmanagement)?
   ○ ja
   ○ nein, Einführung ist aber geplant
   ○ nein

8. Welche der folgenden Kompetenzen (Wissen und Fähigkeiten) sowie Erfahrungen machen Ihrer Meinung nach einen erfolgreichen Projektmanager aus („Halte ich für erforderlich")? Welche Anforderungen stellt Ihr Unternehmen an Projektmanager („Fordert mein Unternehmen") (Mehrfachnennungen)?

	Halte ich für erforderlich	Fordert mein Unternehmen
Projektmanagement-Kompetenz	❏	❏
Soziale Kompetenz	❏	❏
Methodenkompetenz	❏	❏
Betriebswirtschaftliche Kompetenz	❏	❏
Sachkompetenz im Projektgegenstand	❏	❏
Sachkompetenz in der Branche	❏	❏
Führungskompetenz	❏	❏
Erfahrung im Projektmanagement	❏	❏
Erfahrung im Projektgegenstand	❏	❏
Branchenerfahrung	❏	❏
Führungserfahrung	❏	❏

9. Auf welche Art und Weise können diese Teilaspekte des Projektmanager-Anforderungsprofils ihrer Meinung nach verlässlich bestätigt werden (Mehrfachnennungen)?

	Selbsteinschätzung des Mitarbeiters	PM-Zertifizierung	Referenzen von Kunden, Arbeitszeugnis	Besuch von Schulungen
Projektmanagement-Kompetenz	❏	❏	❏	❏
Soziale Kompetenz	❏	❏	❏	❏
Methodenkompetenz	❏	❏	❏	❏
Betriebswirtschaftliche Kompetenz	❏	❏	❏	❏
Sachkompetenz im Projektgegenstand	❏	❏	❏	❏
Sachkompetenz in der Branche	❏	❏	❏	❏
Führungskompetenz	❏	❏	❏	❏
Erfahrung im Projektmanagement	❏	❏	❏	❏
Erfahrung im Projektgegenstand	❏	❏	❏	❏
Branchenerfahrung	❏	❏	❏	❏
Führungserfahrung	❏	❏	❏	❏

10. Werden PM-Zertifizierungen und/oder die Kenntnis von PM-Standards in Stellenausschreibungen Ihres Unternehmens für entsprechende Positionen gefordert?

	Ja, als „Muss"-Anforderung	Ja, als „Soll"-Anforderung	Teilweise	Nein
PM-Zertifizierung	❏	❏	❏	❏
Kenntnis von PM-Standards	❏	❏	❏	❏

Teil III – Projektmanagement-Standardisierung

11. Welche PM-Standards kennen Sie (Mehrfachnennungen), welche werden in Ihrem Unternehmen hauptsächlich und welche nur teilweise eingesetzt (Mehrfachnennungen)?

	Kenne ich	Setzen wir hauptsächlich ein	Setzen wir auch ein
PMBOK	❏	◯	❏
ProjektManager / PM-Kanon	❏	◯	❏
DIN 69901	❏	◯	❏
PRINCE2	❏	◯	❏
Andere:	❏	◯	❏

12. Auf welcher Ebene sind PM-Methoden in Ihrem Unternehmen standardisiert (Mehrfachnennungen)?
    ❏ im gesamten Unternehmen
    ❏ auf Bereichsebene
    ❏ auf Abteilungsebene
    ❏ über ein zentrales Project Management Office
    ❏ projektabhängig individuell
    ❏ gar nicht

13. Worüber sind PM-Methoden in Ihrem Unternehmen standardisiert?
    ◯ übergreifender „Industrie"standard („externer Standard")
    ◯ firmenindividuelle Vorgehensweise („interner Standard")
    ◯ Nebeneinander von internem und externem Standard

14. Existieren in Ihrem Unternehmen Vorgehensmodelle für die Projektarbeit (z. B. für die Softwareentwicklung) – wenn ja, welche bzw. für welches Einsatzgebiet (Mehrfachnennungen)?
    ◯ ja: _____   ◯ nein
    _____

15. Werden in Ihrem Unternehmen – außerhalb des Bereichs Projektmanagement – **Industrie**standards (also keine firmeninternen Standards) genutzt – wenn ja, welche (Mehrfachnennungen)?
    ◯ ja   ◯ nein

Anhang

❏ Qualitätsmanagement (z. B. ISO 9001)
❏ IT Service Management (z. B. ITIL)
❏ Softwareentwicklung (z. B. V-Modell)
❏ Produktion (z. B. DIN)
❏ andere: _____

16. Wodurch wurde die PM-Standardisierung in Ihrem Unternehmen ausgelöst?

_____

_____

17. Nutzt Ihr Unternehmen PM-Software, die auf den standardisierten PM-Methoden aufbaut (keine generische PM-Software)?
    ○ ja, Standardsoftware
    ○ ja, Individualsoftware
    ○ nein, würden wir aber gerne
    ○ nein, ist auch nicht gewünscht

18. Wie hoch schätzen Sie die Qualität der in Ihrem Unternehmen standardisierten PM-Methoden in den folgenden Kategorien ein (hoch – mittelmäßig – schlecht)?

	+	0	-
Akzeptanz bei den Nutzern	○	○	○
Praxisnähe	○	○	○
Erlernbarkeit	○	○	○
Anwendbarkeit	○	○	○

19. Wie bewerten Sie den Einfluss standardisierter PM-Methoden auf folgende Aspekte des Projektmanagements (positiv – neutral – negativ)?

	+	0	-
Operative Projektdurchführung	○	○	○
Projekterfolg insgesamt	○	○	○
Kostenziele des Projekts	○	○	○
Zeitziele des Projekts	○	○	○
Qualitätsziele des Projekts	○	○	○

20. Wie schätzen Sie die Entwicklung des Themenbereichs PM-Standardisierung in den nächsten drei Jahren ein (nimmt an Bedeutung zu – unverändert – Bedeutung nimmt ab)?

	+	0	-
PM-Standardisierung allgemein	○	○	○
PM-Standardisierung in meinem Unternehmen	○	○	○

Teil IV – Projektmanagement-Zertifizierung

21. Welche PM-Zertifizierungen kennen Sie (Mehrfachnennungen), welche werden in Ihrem Unternehmen hauptsächlich und welche nur teilweise eingesetzt (Mehrfachnennungen)?

	Kenne ich	Setzen wir hauptsächlich ein	Setzen wir auch ein
CAPM / PMP (PMI)	☐	○	☐
IPMA/GPM (Level A-D)	☐	○	☐
Projektingenieur (VDI)	☐	○	☐
PRINCE2	☐	○	☐
IT Project Coordinator (cert-IT)	☐	○	☐
Andere:	☐	○	☐

22. Wie viel Prozent aller Projektmanager in Ihrem Unternehmen sind zertifiziert?

- ○ 0% - 5%
- ○ 5% - 25%
- ○ 25% - 50%
- ○ 50% - 75%
- ○ 75% - 100%

23. Wie werden Projektmanager in Ihrem Unternehmen ausgebildet (Mehrfachnennungen)

    ❑ intern – standardisiert für alle gleich
    ❑ intern – individuell für jeden einzelnen
    ❑ extern – standardisiert für alle gleich
    ❑ extern – individuell für jeden einzelnen

24. Gibt es bei Ihnen ein vom Unternehmen getriebenes PM-Zertifizierungsprogramm oder werden PM-Zertifizierungen von den Interessierten persönlich verfolgt?

    ○ PM-Zertifizierungen sind vor allem vom Unternehmen getrieben
    ○ PM-Zertifizierungen werden vor allem von den Projektmanagern selbst verfolgt
    ○ Mir sind keine PM-Zertifizierungen in unserem Unternehmen bekannt

25. Werden zertifizierungswillige Mitarbeiter von Ihrem Unternehmen unterstützt (Mehrfachnennungen)?

    ○ ja   ○ nein
        ❑ das Unternehmen übernimmt die Kosten
        ❑ der Mitarbeiter wird für die Vorbereitung/Prüfung freigestellt
        ❑ Bonuszahlung nach erfolgreicher Prüfung
        ❑ individuelle Vereinbarungen, keine festgelegte Regeln
        ❑ anders: _____

26. Wie schätzen Sie die Karrieremöglichkeiten im Projektmanagement bzw. als Projektmanager in Ihrem Unternehmen ein?

	Sehr gut	Gut	Schlecht	Sehr schlecht
Ohne PM-Zertifizierung	○	○	○	○
Mit PM-Zertifizierung	○	○	○	○

27. Falls Sie in Ihrem Unternehmen PM-Zertifizierungen nutzen: Was war der Auslöser für die Nutzung von PM-Zertifizierungen?

_____

_____

28. Falls Sie in Ihrem Unternehmen PM-Zertifizierungen nutzen: Wie schätzen Sie die Eigenschaften des von Ihnen hauptsächlich eingesetzten Zertifizierungsprogramms ein (Stärke – neutral – Schwäche)?

	+	0	-	Weiß nicht
Kosten	○	○	○	○
Zeitaufwand für Prüfungsvorbereitung	○	○	○	○
Ausrichtung auf PM-Standard	○	○	○	○
Art der Prüfungsdurchführung	○	○	○	○
Prüfungsinhalte	○	○	○	○
Rezertifizierungsvorschriften	○	○	○	○
Verbreitung	○	○	○	○

29. Falls Sie in Ihrem Unternehmen PM-Zertifizierungen nutzen: Als wie erfolgreich bewerten Sie die bisherige Nutzung von PM-Zertifizierungen im Unternehmen?

○ sehr erfolgreich
○ erfolgreich
○ nicht sehr erfolgreich

Anhang

○ überhaupt nicht erfolgreich

30. Falls Sie in Ihrem Unternehmen **keine** PM-Zertifizierungen nutzen: Was hindert Sie am Einsatz von PM-Zertifizierungen?

_____

_____

31. Wie schätzen Sie die Entwicklung des Themenbereichs PM-Zertifizierung in den nächsten drei Jahren ein (nimmt an Bedeutung zu – unverändert – Bedeutung nimmt ab)?

	+	0	-
PM-Zertifizierung allgemein	○	○	○
PM-Zertifizierung in meinem Unternehmen	○	○	○

B Rückläuferanalyse

Firmengröße (Anzahl MA)	Prozent in Stichprobe	Prozent in Rückläufern	Rücklaufquote
<500	17%	14%	43%
500-5000	38%	35%	47%
>5000	45%	51%	58%

Branche	Prozent in Stichprobe	Prozent in Rückläufern	Rücklaufquote
Anlagenbau	10%	12%	63%
Automobil	19%	14%	38%
Banken/Finanzdienstleister	10%	9%	50%
Chemie	6%	7%	60%
Consulting	5%	2%	25%
Elektronik	5%	7%	75%
Energie	7%	0%	0%
Handel	2%	2%	50%
IT/Telco	14%	16%	58%
Transport/Verkehr	7%	12%	83%
Versicherungen	10%	14%	75%
Verteidigung	2%	5%	100%
Wissenschaft	4%	0%	0%

Gesamt	Anzahl Stichprobe	Anzahl Rückläufer	Rücklaufquote
	85	43	51%

C Ableitung der Aussagen für die Clusteranalyse

In folgender Übersicht sind die für die Clusteranalyse aus den Antworten auf die Original-Fragen abgeleiteten Aussagen dargestellt. Um eine Vergleichbarkeit herzustellen, wurde der Wertebereich der Antworten für alle Aussagen auf die Zahlen 1 bis 5 (entsprechend „trifft überhaupt nicht zu" bis „trifft voll zu") normalisiert.

Aussage 1	**Mein Unternehmen ist projektorganisiert.**
abgeleitet aus:	Frage 6 - In welcher Organisationsform werden in Ihrem Unternehmen Projekte durchgeführt?
Aussage 2	**Mein Unternehmen setzt ein PM-Laufbahnmodell ein.**
abgeleitet aus:	Frage 7 - Existiert in Ihrem Unternehmen ein projektorientiertes Laufbahnmodell (z. B. in Form einer Fachkarriere im Projektmanagement)?
Aussage 3	**Mein Unternehmen legt Wert auf die „weichen Faktoren" bei der Kompetenz und Erfahrung von Projektmanagern.**
abgeleitet aus:	Frage 8 - Welche Anforderungen stellt Ihr Unternehmen an Projektmanager (Soziale Kompetenz, Führungskompetenz, Führungserfahrung)?
Aussage 4	**Mein Unternehmen hat sehr hohe Anforderungen an die Kompetenz seiner Projektmanager.**
abgeleitet aus:	Frage 8 - Welche Anforderungen stellt Ihr Unternehmen an Projektmanager (Summe Kompetenzanforderungen)?
Aussage 5	**Mein Unternehmen hat sehr hohe Anforderungen an die Erfahrung seiner Projektmanager.**
abgeleitet aus:	Frage 8 - Welche Anforderungen stellt Ihr Unternehmen an Projektmanager (Summe Erfahrungsanforderungen)?
Aussage 6	**Mein Bild und das meines Unternehmens über den „idealen Projektmanager" stimmen überein.**
abgeleitet aus:	Anzahl Abweichungen in Frage 8 – Welche der folgenden Kompetenzen sowie Erfahrungen machen Ihrer Meinung nach

Anhang

	einen erfolgreichen Projektmanager aus und welche Anforderungen stellt Ihr Unternehmen an Projektmanager?
Aussage 7	**Mein Unternehmen fordert von seinen Projektmanagern eine PM-Zertifizierung.**
abgeleitet aus:	Frage 10 - Werden PM-Zertifizierungen in Stellenausschreibungen Ihres Unternehmens für entsprechende Positionen gefordert?
Aussage 8	**Mein Unternehmen fordert von seinen Projektmanagern die Kenntnis von PM-Standards.**
abgeleitet aus:	Frage 10 - Werden die Kenntnis von PM-Standards in Stellenausschreibungen Ihres Unternehmens für entsprechende Positionen gefordert?
Aussage 9	**Mein Unternehmen setzt PM-Standards ein.**
abgeleitet aus:	Frage 11 - Welche PM-Standards werden in Ihrem Unternehmen hauptsächlich eingesetzt?
Aussage 10	**Mein Unternehmen konzentriert sich auf einen PM-Standard.**
abgeleitet aus:	Frage 11 - Welche PM-Standards werden in Ihrem Unternehmen hauptsächlich, welche nur teilweise, eingesetzt?
Aussage 11	**PM ist bei uns unternehmensweit standardisiert.**
abgeleitet aus:	Frage 12 - Auf welcher Ebene sind PM-Methoden in Ihrem Unternehmen standardisiert (Anzahl Antworten „unternehmensweit")?
Aussage 12	**Mein Unternehmen nutzt ein zentrales Project Management Office.**
abgeleitet aus:	Frage 12 - Auf welcher Ebene sind PM-Methoden in Ihrem Unternehmen standardisiert (Anzahl Antworten „über ein zentrales PMO")?
Aussage 13	**Mein Unternehmen nutzt interne PM-Standards.**

abgeleitet aus:	Frage 13 - Worüber sind PM-Methoden in Ihrem Unternehmen standardisiert?
Aussage 14	**Mein Unternehmen ist generell sehr aufgeschlossen gegenüber Standardisierungen.**
abgeleitet aus:	Frage 15 - Werden in Ihrem Unternehmen – außerhalb des Bereichs Projektmanagement – Industriestandards genutzt?
Aussage 15	**Die Qualität der in meinem Unternehmen eingesetzten standardisierten PM-Methoden ist sehr hoch.**
abgeleitet aus:	Frage 18 - Wie hoch schätzen Sie die Qualität der in Ihrem Unternehmen standardisierten PM-Methoden ein?
Aussage 16	**Die PM-Standards meines Unternehmens haben einen positiven Einfluss auf die Projektarbeit und die Projektergebnisse.**
abgeleitet aus:	Frage 19 - Wie bewerten Sie den Einfluss standardisierter PM-Methoden auf folgende Aspekte des Projektmanagements?
Aussage 17	**Mein Unternehmen setzt PM-Zertifizierungen ein.**
abgeleitet aus:	Frage 21 - Welche PM-Zertifizierungen werden in Ihrem Unternehmen eingesetzt?
Aussage 18	**Mein Unternehmen konzentriert sich auf eine bestimmte PM-Zertifizierung.**
abgeleitet aus:	Frage 21 - Welche PM-Zertifizierungen werden in Ihrem Unternehmen nur teilweise eingesetzt?
Aussage 19	**Der größte Teil der Projektmanager in meinem Unternehmen ist entsprechend zertifiziert.**
abgeleitet aus:	Frage 22 - Wie viel Prozent aller Projektmanager in Ihrem Unternehmen sind zertifiziert?
Aussage 20	**Die Ausbildung der Projektmanager geschieht in meinem Unternehmen vorwiegend intern.**

abgeleitet aus:	Frage 23 - Wie werden Projektmanager in Ihrem Unternehmen ausgebildet (Summe Antworten Intern)?
Aussage 21	**Die Ausbildung der Projektmanager läuft in meinem Unternehmen standardisiert.**
abgeleitet aus:	Frage 23 - Wie werden Projektmanager in Ihrem Unternehmen ausgebildet (Summe Antworten Standardisiert)?
Aussage 22	**PM-Zertifizierungen werden von meinem Unternehmen aktiv getrieben.**
abgeleitet aus:	Frage 24 - Gibt es bei Ihnen ein vom Unternehmen getriebenes PM-Zertifizierungsprogramm oder werden PM-Zertifizierungen von den Interessierten persönlich verfolgt?
Aussage 23	**Mitarbeiter, die eine PM-Zertifizierung anstreben, werden von meinem Unternehmen unterstützt.**
abgeleitet aus:	Frage 25 - Werden zertifizierungswillige Mitarbeiter von Ihrem Unternehmen unterstützt?
Aussage 24	**Projektmanager haben in meinem Unternehmen sehr gute Karrierechancen.**
abgeleitet aus:	Frage 26 - Wie schätzen Sie die Karrieremöglichkeiten im Projektmanagement bzw. als Projektmanager in Ihrem Unternehmen ein (durchschnittliche Einschätzung ohne bzw. mit Zertifizierung)?
Aussage 25	**Projektmanager können in meinem Unternehmen ihre Karrierechancen durch PM-Zertifizierung verbessern.**
abgeleitet aus:	Frage 26 - Wie schätzen Sie die Karrieremöglichkeiten im PM bzw. als Projektmanager in Ihrem Unternehmen ein (Veränderung der Karrierechancen ohne bzw. mit Zertifizierung)?

D Definition der Cluster und Gruppen

In folgender Übersicht sind die für die Clusteranalyse gebildeteten Cluster und die dort enthaltenen Gruppen dargestellt. Zudem ist erläutert, anhand welcher Kriterien Unternehmen bzw. Personen den jeweiligen Gruppen zugeordnet werden und wie groß die Gruppen sind.

U1 Projekterfolg

Diese Gruppierung leitet sich ab aus der Angabe, welcher Anteil der Projekte im Unternehmen erfolgreich abgeschlossen wird (→Abschnitt 3.4.2.1).

- Top PM-Performer (T)
    - Mehr als 80 Prozent aller Projekte werden erfolgreich abgeschlossen
    - 10 Unternehmen
- Durchschnittliche PM-Performer (D)
    - Zwischen 50 und 80 Prozent aller Projekte werden erfolgreich abgeschlossen
    - 24 Unternehmen
- Low PM-Performer (L)
    - Weniger als 50 Prozent aller Projekte werden erfolgreich abgeschlossen
    - 9 Unternehmen

U2 Einsatz von PM-Standards

Zur Gruppierung der Unternehmen in diesem Cluster wurden die Antworten auf mehrere Fragen verdichtet. Es wurde jeweils ein Punkt vergeben für:

- Es wird mindestens ein PM-Standard im Unternehmen eingesetzt
- PM ist unternehmensweit standardisiert
- Ein PMO ist vorhanden

Je nach Punktezahl findet die Eingruppierung statt:

- Top-Nutzer von PM-Standards (T)
    - Drei Punkte
    - 6 Unternehmen
- Durchschnittliche Nutzer von PM-Standards (D)

- Zwei Punkte
- 19 Unternehmen
- Low-Nutzer von PM-Standards (L)
  - Ein oder kein Punkt
  - 18 Unternehmen

U3 **Einsatz von PM-Zertifizierungen**

Zur Gruppierung der Unternehmen in diesem Cluster wurden die Antworten auf mehrere Fragen verdichtet. Es wurde jeweils ein Punkt vergeben für:
- PM-Zertifizierung wird im Unternehmen eingesetzt
- Mehr als 50 Prozent der Projektmanager im Unternehmen sind zertifiziert
- PM-Zertifizierungen werden durch das Unternehmen getrieben

Je nach Punktezahl findet die Eingruppierung statt:
- Top-Nutzer von PM-Zertifizierungen (T)
  - Drei Punkte
  - 13 Unternehmen
- Durchschnittliche Nutzer von PM-Zertifizierungen (D)
  - Zwei Punkte
  - 13 Unternehmen
- Low-Nutzer von PM-Zertifizierungen (L)
  - Ein oder kein Punkt
  - 17 Unternehmen

U4 **Unternehmensgröße**
- Kleine Unternehmen (K)
  - weniger als 500 Mitarbeiter
  - 6 Unternehmen
- Mittelgroße Unternehmen (M)
  - 500 bis 5000 Mitarbeiter
  - 15 Unternehmen
- Große Unternehmen (G)
  - mehr als 5000 Mitarbeiter
  - 22 Unternehmen

U5   Branche des Unternehmens

Die Gruppierung innerhalb dieses Clusters orientiert sich an der Kategorisierung von Unternehmen nach ihrer „PM-Tradition", welche in der VW Coaching - Studie „Stand und Trend des Projektmanagements in Deutschland" entwickelt wurde (vgl. [VW03, S. 44f]).

- Traditionelle PM-orientierte Unternehmen (T)
    - Anlagenbau, Verteidigung, Elektronik und Chemie
    - 12 Unternehmen
- Moderne PM-orientierte Unternehmen (M)
    - IT und Telekommunikation
    - 7 Unternehmen
- Unternehmen mit PM-Insellösungen (I)
    - Übrige Branchen (hier Versicherungen, Automobil, Transport/Verkehr, Banken/Finanzdienstleister, Handel, Consulting)
    - 22 Unternehmen

U6   PM-Organisationsform

- Reine Linienorganisation (L)
    - Projekte werden in einer reinen Linien- bzw. funktionalen Organisation durchgeführt
    - 2 Unternehmen
- Matrixorganisation (M)
    - Projekte werden in einer Matrixorganisation durchgeführt
    - 27 Unternehmen
- Projektorientierte Organisation (P)
    - Projekte werden in einer projektorientierten Organisation durchgeführt
    - 14 Unternehmen

P1   Verantwortung im PM

- Projektpersonal (P)
    - Eigene PM-Rolle Projektmitarbeiter oder Projektleiter
    - 12 Personen
- Projektentscheider (E)
    - Eigene PM-Rolle Programmmanager oder Linienmanager;

wenn zusätzlich auch eine Rolle als Projektpersonal wahrgenommen wird, wird die Person trotzdem als Projektentscheider eingestuft
- 31 Personen
- Mittelwert aller Antworten als Vergleichsgruppe (M)

P2 Eigene PM-Zertifizierung
- Eigene PM-Zertifizierung (J)
    - Beantworter hat mindestens eine eigene PM-Zertifizierung
    - 20 Personen
- Keine eigene PM-Zertifizierung (N)
    - Beantworter hat keine eigene PM-Zertifizierung
    - 23 Personen
- Mittelwert aller Antworten als Vergleichsgruppe (M)

P3 Eigene PM-Verbandsmitgliedschaft
- Eigene PM-Verbandsmitgliedschaft (J)
    - Beantworter ist mindestens in einem PM-Verband Mitglied
    - 25 Personen
- Keine eigene PM-Verbandsmitgliedschaft (N)
    - Beantworter ist nicht in einem PM-Verband Mitglied
    - 18 Personen
- Mittelwert aller Antworten als Vergleichsgruppe (M)

E Verfahrensschritte der GPM-Zertifizierung

Die unterschiedlichen Verfahrensschritte der GPM-Zertifizierungsstufen sind in folgender Tabelle dargestellt ([Rath05, S. 7]):

Verfahrensschritt	Level D	Level C	Level B	Level A
Schritt 1 - Bewerbung				
Antrag	ja	ja	ja	ja
Selbstbewertung	ja	ja	ja	ja
Lebenslauf, Schulische und berufliche Ausbildung, Beruflicher Werdegang, Aus- und Weiterbildung im PM	ja	ja	ja	ja
Projektliste	nein	ja	ja	ja
Projektkurzbericht	nein	ja	ja	ja
2 Referenzen	nein	ja	ja	ja
Zulassung zum Zertifizierungsverfahren	ja	ja	ja	ja
Schritt 2 - Prüfungen				
Schriftliche Prüfung Teil 1 (Basiswissen)	2 h	2 h	2 h	nein
Schriftliche Prüfung Teil 2 (levelbezogen)	nein	2 h	2 h	2 h
Transfernachweis	ja	nein	nein	nein
Prüfungsgespräch	ja	nein	nein	nein
Workshop	nein	ja	ja	ja
Zulassung zur Projektstudienarbeit	nein	nein	ja	ja
Projektstudienarbeit und Literaturkonspekt	nein	nein	ja	ja
Zulassung zum Interview	nein	ja	ja	ja
Schritt 3 – Interview				
Abschließendes Prüfungsgespräch	nein	ja	ja	ja
Empfehlung zur Zertifikatserteilung	ja	ja	ja	ja

F Detaillierter Vergleich der Zertifizierungssysteme von IPMA/GPM und PMI

In der folgenden Übersicht wird die unterschiedliche Ausgestaltung der Zertifizierungssysteme von IPMA/GPM und PMI detailliert ([Rath06b, S. 3ff]):

PMI		GPM/IPMA	
Zertifizierungsstufen			
2 Zertifizierungsstufen, kein zwingendes Stufensystem		4 Zertifizierungsstufen, kein zwingendes Stufensystem	
		CPD (Level A)	Zertifizierter Projektdirektor (GPM) / PM Executive (pma) / Projektdirektor (SPM) / Certificated Projects Director
PMP	Project Management Professional	CPM / CIPM (Level B)	Zertifizierter Projektmanager (GPM) / Senior Projektmanager (pma) / Projektmanager (SPM) / Certificated Project Manager
		CPL (Level C)	Zertifizierter Projektleiter (GPM) / Projektmanager (pma) / Projektleiter (SPM) / Certificated Project Management Professional
CAPM	Certified Associate in Project Management	PMF (Level D)	Zertifizierter Projektmanagement-Fachmann (GPM) / Junior Projektmanager (pma) / Projektassistent (SPM) / Certificated Project Management Practitioner
Zertifizierungsstellen			
Project Management Institute (Prüfung in Testcentern der Fa. Thomson Prometric, weltweit in 74 Ländern) in Deutschland: Berlin, Frankfurt, München, Düsseldorf in der Schweiz: Genf in Österreich keine Testcenter		Für Deutschland: PM-ZERT der GPM (Prüfung direkt bei PM-ZERT in Nürnberg, über Schulungsunternehmen oder als Inhouse-Seminare mit anschließender Zertifizierung) Für Österreich: pma-zertifizierungsstelle (Prüfungen in Wien und Innsbruck oder als Inhouse-Seminare mit anschließender Zertifizierung) Für die Schweiz: Verein zur Zertifizierung im Projektmana-	

	gement (VZPM) (Prüfungen direkt beim VZPM in Zürich oder als Inhouse-Seminare mit anschließender Zertifizierung)
Fachliche Zertifizierungsgrundlage	
"Notwendige, aber nicht hinreichende Quelle:" A Guide to the Project Management Body of Knowledge (PMBOK), 2004 Edition und weitere (s.o.)	"ProjektManager Taxonomie" und "ProjektManager" (Lehrbuch und Nachschlagewerk), herausgegeben von der GPM bzw. PM-ZERT in Österreich und der Schweiz existieren anstelle der ProjektManager Taxonomie entsprechende eigene Werke (pm baseline, NCB)
Zulassungskriterien	
PMP: Hochschulabschluss, 4.500 Stunden Erfahrung in einer leitenden/führenden Position im Projektmanagement (in drei Jahren) in den letzten sechs Jahren, 35 Stunden Projektmanagement-Schulungen *oder* Abitur, 7.500 Stunden Erfahrung in einer leitenden/führenden Position im Projektmanagement (in fünf Jahren) in den letzten acht Jahren, 35 Stunden Projektmanagement-Schulungen CAPM: Abitur und 1.500 Stunden Projektmanagementerfahrung *oder* Abitur und 23 Stunden Projektmanagement-Schulungen	Level A: 5 Jahre Erfahrung im Mehrprojekt- und Programmmanagement, davon 3 Jahre mit Leitungsverantwortung Level B: 5 Jahre Projektmanagementerfahrung, davon 3 Jahre mit Leitungsverantwortung in "komplexen" Projekten (Als "komplex" gelten lt. IPMA Projekte mit vielen abhängigen Subsystemen und Abhängigkeiten zum Projektumfeld, mit mehreren beteiligten Organisatinen/Organisationseinheiten, mit unterschiedlichen beteiligten Fachdisziplinen, mit verschiedenen Projektphasen von nicht zu kurzer Dauer und mit vielfältigem Einsatz gebräuchlicher Projektmanagement-Tools und –Methoden.) Level C: 3 Jahre Projektmanagementerfahrung mit Leitungsverantwortung nicht-komplexer Projekte Level D: Projektmanagement-Kenntnisse Für alle Level ist eine abgeschlossene schulische und berufliche Ausbildung von insgesamt mindestens 13 Jahren erforderlich. Zum Beispiel erfüllt folgende Kombination diese Voraussetzung: 10 Jahre Schulbildung, 3 Jahre Berufsausbildung.
Umfang der Bewerbungsunterlagen	
Bewerbungsformular mit Nachweis der Zulassungskriterien (in Form eines Selbstnachweises) und zwei Referenzen, die die Angaben des Bewerbers bestätigen können	Für alle Level: * Antragsformular * Selbstverfasste Ausarbeitung mit Lebenslauf, schulischer und beruflicher Ausbildung, beruflichem Werdegang, Aus- und Weiterbildung im PM

Eine Bewerbung ist auch vollständig elektronisch per Webformular möglich.	* Selbstbewertung angelehnt an die ProjektManager Taxonomie **Zusätzlich für Level A,B,C:** * Kurzdarstellung des Unternehmens, in dem der Bewerber seine wesentlichen Projekterfahrungen gesammelt hat * Erfahrungen im Projektmanagement (Projektliste mit Projektübersicht) * Projektkurzbericht über ein vom Bewerber geleitetes oder maßgeblich gestaltetes Projekt * 2 Referenzen, d. h. Angabe von zwei Personen, die Auskunft über die Projektarbeit des Bewerbers geben können **Zusätzlich für Level D:** * Transfernachweis (Eine vom Zertifikaten zu erstellende schriftliche Darstellung eines realen oder fiktiven Projekts, in der der Bewerber nach festen Vorgaben seine Erfahrungen oder Vorstellungen zur praktischen Anwendung von PM-Wissen beschreibt, z. B. in den Kategorien Projektauftrag und Zielplanung, Umfeld-/Stakeholder-/Risikoanalyse, Projektstrukturplan, Ablauf- und Terminplanung, Einsatzmittelplanung und soziale Kompetenz)
Ablauf der Prüfung	
Die Zertifizierungsprüfungen des PMI finden grundsätzlich als reine computerbasierte Multiple-Choice-Prüfungen statt. **PMP (Dauer: 4 Stunden)** * 200 Fragen in englischer Sprache (auf Wunsch mit deutscher Übersetzung). Die Prüfung gilt als bestanden, wenn mindestens 61 Prozent richtige Antworten gegeben werden. **CAPM (Dauer: 3 Stunden)** * 150 Fragen in englischer Sprache. Die Prüfung gilt als bestanden, wenn mindestens 65 Prozent richtige Antworten gegeben werden.	Die Zertifizierungsprüfungen der IPMA/GPM sind grundsätzlich aus unterschiedlichen Prüfungsbestandteilen zusammengesetzt, die je nach angestrebten Zertifizierungsniveau variieren. **Level A (Dauer: 1,5 Tage für schriftliche Prüfung und Zertifizierungsworkshop, ca. drei Monate später 1 Stunde für Prüfungsgespräch)** * 2 Stunden schriftliche Prüfung (levelbezogenes Wissen) in Form von Multiple-Choice-Fragen, Fill-In-Fragen, offenen Fragen und Aufgabenstellungen aus der PM-Praxis – Mindestpunktzahl 67 % * Fallstudien-Workshop (eintägige Gruppenarbeit an einem gestellten Projekt-Fallbeispiel) * Projektstudienarbeit über ein reales, möglichst abgeschlossenes, vom Zertifikanten geleitetes, Projekt (wird vom Zertifikanten in einem Zeitraum von ca. zwei Monaten erstellt) * Literaturkonspekt (PM-Fachbuch- und PM-Fachartikel-Besprechung mit einstündiger Präsentation; wird zusammen mit der Projektstudienarbeit erstellt) * Prüfungsgespräch (ca. 1 Stunde) mit zwei Assessoren. Hierbei wird über die Selbstbewertung, das Ergebnis der schriftlichen Prüfung, das Projekt-Fallbeispiel, die Projekt-

	studienarbeit und das Literaturkonspekt gesprochen.
	Level B (Dauer: 1,5 Tage für schriftliche Prüfung und Zertifizierungsworkshop, ca. drei Monate später 1 Stunde für Prüfungsgespräch) * 2*2 Stunden schriftliche Prüfung (levelbezogenes und Basiswissen) in Form von Multiple-Choice-Fragen, Fill-In-Fragen, offenen Fragen und Aufgabenstellungen aus der PM-Praxis - Mindestpunktzahl 67 % * Fallstudien-Workshop (s. Level A) * Projektstudienarbeit (s. Level A) * Literaturkonspekt (s. Level A) * Prüfungsgespräch (s. Level A) **Level C (Dauer: 1,5 Tage für schriftliche Prüfung, Zertifizierungs-Workshop und Prüfungsgespräch)** * 2*2 Stunden schriftliche Prüfung (levelbezogenes und Basiswissen) in Form von Multiple-Choice-Fragen, Fill-In-Fragen, offenen Fragen und Aufgabenstellungen aus der PM-Praxis - Mindestpunktzahl 50 % * Fallstudien-Workshop (eintägige Gruppenarbeit an einem gestellten Projekt-Fallbeispiel) * Prüfungsgespräch (ca. 1 Stunde) mit zwei Assessoren. Hierbei wird über die Selbstbewertung, das Ergebnis der schriftlichen Prüfung, das Projekt-Fallbeispiel und den Projektkurzbericht gesprochen. **Level D (Dauer: 1 Tag für schriftliche Prüfung und Prüfungsgespräch)** * 2 Stunden schriftliche Prüfung (Basiswissen) in Form von Multiple-Choice-Fragen, Fill-In-Fragen, offenen Fragen und Aufgabenstellungen aus der PM-Praxis - Mindestpunktzahl 50 % * Transfernachweis (s.o.) * Prüfungsgespräch (30 Minuten) mit zwei Assessoren, in dem der Zertifikant Kurzvorträge zu zwei, direkt vor dem Prüfungsgespräch gestellten, Fachthemen des Projektmanagement, hält.
Prüfungsgebühren (jeweils ohne Ausbildungs- bzw. Vorbereitungskosten)	
PMP: 555 US-Dollar (ca. 466 Euro) (PMI-Mitglieder 405 US-Dollar, ca. 340 Euro)	Level A: 2.500 Euro Level B: 2.100 Euro Level C: 1.650 Euro Level D: 650 Euro

CAPM: 300 US-Dollar (ca. 252 Euro) (PMI-Mitglieder 225 US-Dollar, ca. 189 Euro)	(GPM-Mitglieder erhalten 10% Rabatt)
Rezertifizierung	
PMP: Nachweis von Tätigkeit und/oder Fortbildung im Projektmanagement, Gültigkeit 3 Jahre, Gebühr 375 US-Dollar (ca. 315 Euro) (PMI-Mitglieder 275 US-Dollar, ca. 231 Euro) CAPM: erneute Prüfung, Gültigkeit 5 Jahre, Gebühr 200 US-Dollar (ca. 168 Euro) (PMI-Mitglieder 150 US-Dollar, ca. 126 Euro)	Level A: Gültigkeit 5 Jahre, Gebühr 400 Euro Level B/C: Gültigkeit 3 Jahre, Gebühr 250 Euro Level D: Gültigkeit lebenslang - keine Rezertifizierung erforderlich
Verbreitung (weltweit)	
Summe: 181.611 PMP: 181.281 (in D: 2.262, in A: 165, in CH: 505) CAPM: 330 (in D: 7, in CH: 3) (Stand November 2005)	Summe: 26.333 Level A: 58 (in D: 14, in A: 3, in CH: 6) Level B: 1.835 (in D: 327, in A: 456, in CH: 272) Level C: 8.693 (in D: 551, in A: 974, in CH: 101) Level D: 15.747 (in D: 6.616, in A: 553, in CH: 111) (Stand 31.12.2004, Schätzungen der IPMA gehen von ca. 38.000 Zertifizierungen zum 31.12.2005 aus)

Literaturverzeichnis

[AhScTe05]   AHLEMANN, Frederik ; SCHRÖDER, Christine ; TEUTEBERG, Frank: *Kompetenz- und Reifegradmodelle für das Projektmanagement : Grundlagen, Vergleich und Einsatz. ISPRI-Arbeitsbericht Nr. 01/2005.* Osnabrück, 2005

[Ang02]   ANGERMEIER, Georg: Normen im Projektmanagement : einheitliche Begriffe erleichtern die Zusammenarbeit. In: *Projektmagazin* 16 (2002) http://www.projektmagazin.de/magazin/abo/artikel/2002/1602-3.html 19.04.2005

[Ang04]   ANGERMEIER, Georg: Unternehmen DIN 69901 neu : Ein Praxisbericht über die Verjüngungskur für deutsche PM-Normen. In: *Projektmagazin* 3 (2004) http://www.projektmagazin.de/magazin/abo/artikel/2004/0304-3.html 19.05.2006

[Ang06]   ANGERMEIER, Georg: Zur Diskussion gestellt : Der Entwurf für die neue deutsche Projektmanagement-Norm. In: *Projektmagazin* 10 (2006) http://www.projektmagazin.de/magazin/abo/artikel/2006/1006-5.html 15.07.2006

[BaOtSe05]   BARTSCH-BEUERLEIN, Sandra ; OTTMANN, Roland ; SEILER, Wulff: *ProjektManager Taxonomie.* GPM-Eigenverlag, 2005

[Barck06]   BARCKLOW, David: Projektmanagement geht zu selten über die Standards hinaus. In: *projektMANAGEMENT aktuell* 1 (2006), S. 12-18

[Berl05]   BERLEB, Petra: Editorial zur 9. Ausgabe 2005. In: *Projektmagazin* 9 (2005) http://www.projektmagazin.de/magazin/editorial/editorial_0905.html 23.05.2006

[Caup+99]   CAUPIN, Gilles ; KNÖPFEL, Hans ; MORRIS, Peter W.G. ; MOTZEL, Erhard ; PANNENBÄCKER, Olaf (Hrsg.): *ICB – IPMA Competence Baseline.* Version 2.0. Bremen : Eigenverlag, 1999

[Cert02]	BUNDESMINISTERIUM FÜR BILDUNG UND FORSCHUNG (Hrsg.): *IT-Weiterbildung mit System : Neue Perspektiven für Fachkräfte und Unternehmen*. Bonn : 2002
[Cert06]	O.V.: *Cert-IT : Das gemeinsame Unternehmen von Sozialpartnern und Wissenschaft*. http://www.cert-it.de/index.php?article_id=52 22.07.2006 – Cert-IT
[DIN00]	DEUTSCHES INSTITUT FÜR NORMUNG E.V. (Hrsg.): *Gesamtwirtschaftlicher Nutzen der Normung : Zusammenfassung der Ergebnisse ; wissenschaftlicher Endbericht mit praktischen Beispielen*. Berlin : Beuth, 2000
[DIN90]	DEUTSCHES INSTITUT FÜR NORMUNG E.V. (Hrsg.): *DIN EN 45013 : Allgemeine Kriterien für Stellen, die Personal zertifizieren*. Berlin u. a. : Beuth, 1990
[DIN94]	DEUTSCHES INSTITUT FÜR NORMUNG E.V. (Hrsg.): *DIN 69901 : Projektmanagement*. Berlin u. a. : Beuth, 1994
[DIN98]	DEUTSCHES INSTITUT FÜR NORMUNG E.V. (Hrsg.): *DIN EN 45012 : Allgemeine Anforderungen an Stellen, die Qualitätsmanagementsysteme begutachten und zertifizieren*. Berlin u. a. : Beuth, 1998
[Dost05]	DOSTAL, Werner: Pro und Contra : Zertifizierung für projektorientierte Arbeitsmärkte. In: *Projektmagazin* 14 (2005) http://www.projektmagazin.de/magazin/abo/artikel/2005/1405-1.html 17.04.2006
[FeFrGr05]	FELDMÜLLER, Dorothee; FRICK, Andreas ; GRAU, Nino: *Welche Kompetenzen benötigt das IT-Projektmanagement : Untersuchung der verbandsübergreifenden Fachgruppe IT-Projektmanagement GI/GPM*. http://www.gpm-ipma.de/docs/fdownload.php?download=IT-Studie_20051227.pdf 17.02.2006 – GPM e.V.
[Foti01]	FOTI, Ross: Forecasting the Future. In: *PM Network Magazine* 10 (2001) - Zitiert nach [VW03, S. 101]
[GesThy06]	GESSLER, Michael ; THYSSEN, David: Projektmanagement : Beruf und Organisationsform in der Postbank Systems AG. In: *projektMANAGEMENT aktuell* 1 (2006), S. 19-25

[GPM04a] DEUTSCHE GESELLSCHAFT FÜR PROJEKTMANAGEMENT E.V. (Hrsg.): *Projektmanagement Fachmann*. 8.Auflage. RKW-Verlag, 2004

[GPM04b] DEUTSCHE GESELLSCHAFT FÜR PROJEKTMANAGEMENT E.V. ; PA CONSULTING GROUP (HRSG.): *Studie zur Effizienz von Projekten in Unternehmen*. Nürnberg : GPM-Eigenverlag, 2004

[GPM05] DEUTSCHE GESELLSCHAFT FÜR PROJEKTMANAGEMENT E.V. ; PA CONSULTING GROUP (HRSG.): *Ergebnisse der Projektmanagement Studie „Konsequente Berücksichtigung weicher Faktoren"*. Nürnberg : GPM-Eigenverlag, 2005

[Grög04] GRÖGER, Manfred: *Projektmanagement – Abenteuer Wertvernichtung : Eine Wirtschaftlichkeitsstudie zum Projektmanagement in deutschen Organisationen (Kurzversion)*. München : Eigenverlag, 2004

[Herm05] HERMANN, Jessika: Status Quo der PM-Kompetenz in Organisationen und Großunternehmen in Deutschland. In: *Projektmagazin* 22 (2005) http://www.projektmagazin.de/magazin/abo/artikel/2005/2205-3.html 11.05.2006

[JurZit06] JURISCH, Thomas ; VON ZITZEWITZ, Jessica: Erfolgsfaktor Projektteam : Strukturierte Besetzung des Projektteams in komplexen IT-Projekten. In: *projektMANAGEMENT aktuell* 2 (2006), S.21-26

[Kell94] KELLNER, Hedwig: *Die Kunst, DV-Projekte zum Erfolg zu führen : Budgets, Termine, Qualität*. München u. a. : Hanser, 1994

[Kerz06] KERZNER, Harold: *Project Management. A Systems Approach to planning, scheduling and controlling*. 9th edition. Hoboken, New Jersey : John Wiley & Sons, 2006

[Kneip04] KNEIP, Petra: *Projektmanagement : Eine systemtheoretische Analyse organisatorischer Stimmigkeit*. Stuttgart : Rimon, 2004

[Krom98] KROMREY, Helmut: *Empirische Sozialforschung*. 8. Auflage. Opladen : Leske+Budrich, 1998

[LaRa05] LANG, Karl ; RATTAY, Günter: Leben in Projekten : Projektorientierte Karriere- und Laufbahnmodelle. Wien 2005 (Linde)

[Lehn00]	LEHNERT, Uwe: *Datenanalysesystem SPSS Version 9 : handlungsorientiertes und leicht verständliches Lehrbuch zur Einführung in die statistische Datenanalyse.* 3. Auflage. München-Wien : Oldenbourg, 2000
[Lomn01]	LOMNITZ, Gero: *Multiprojektmanagement : Projekte planen, vernetzen und steuern.* 1. Auflage. Landsberg/Lech : Verlag moderne industrie, 2001
[Mesmer04]	MESMER, Alexandra: DB Systems bildet IT-Projektleiter aus. In: *COMPUTERWOCHE* 3 (2004), S. 46
[Meyer05]	MEYER, Mey Mark: Studie zur Softwareunterstützung für Projektmanagement-Aufgaben. In: *projektMANAGEMENT aktuell* 4 (2005), S. 42-45
[MoPa02]	MOTZEL, Erhard ; PANNENBÄCKER, Olaf: *Projektmanagement-Kanon : Der deutsche Zugang zum Project Management Body of Knowledge.* 2. Auflage. Roderer Verlag, 2002
[MoPaWo98]	MOTZEL, Erhard ; PANNENBÄCKER, Olaf ; WOLFF, Ulrich: *Qualifizierung und Zertifizierung von Projektpersonal.* Köln : TÜV-Verlag, 1998
[MS05]	O.V.: *Microsoft Encarta 2006 Wörterbuch Deutsch.* Microsoft Corporation, 2005
[MS06]	O.V.: *Microsoft TechNet : IT Training and Certification Resources.* http://www.microsoft.com/technet/traincert/default.mspx 09.06.2006 - Microsoft Corporation
[Obels06]	OBELS, Markus: Die neue Projektmanagement-Norm : prozessorientiert, integriert und praxisnah. In: *projektMANAGEMENT aktuell* 2 (2006), S.41-43.
[Pann01a]	PANNENBÄCKER Olaf: *Kanonisierung, Qualifizierung und Zertifizierung im Projektmanagement : Integration internationaler Ansätze zur Professionalisierung und Praxisbeispiele.* Frankfurt am Main : Lang, 2001
[Pann01b]	PANNENBÄCKER, Olaf: Kanonisierung des Projektmanagements und Harmonisierung internationaler Entwicklungen. In: GRISCHE, Detlef ; MEYER, Helga ; DÖRRENBERG, Florian (Hrsg.): *Innovative Managementaufgaben in der nationalen und internationalen Praxis :*

	Anforderungen, Methoden, Lösungen, Transfer. 1. Auflage. Wiesbaden : Dt. Univ.-Verlag, 2001
[PM06a]	O.V.: *ProjektManager – Definition im Projektmanagement-Glossar.* http://www.projektmagazin.de/glossar/gl-0955.html 12.06.2006 - ProjektMagazin
[PM06b]	O.V.: *Project Management Body of Knowledge – Definition im Projektmanagement-Glossar.* http://www.projektmagazin.de/glossar/gl-0303.html 12.06.2006 - ProjektMagazin
[PM06c]	O.V.: *Reifegrad – Definition im Projektmanagement-Glossar.* http://www.projektmagazin.de/glossar/gl-0842.html 12.06.2006 - ProjektMagazin
[PMBOK03]	PMI (Hrsg.): *A Guide to the Project Management Body of Knowledge : PMBOK Guide Deutsche Übersetzung.* Ausgabe 2000. Newtown Square : PMI, 2003
[PMBOK04]	PMI (Hrsg.): *A Guide to the Project Management Body of Knowledge : PMBOK Guide.* 2004 Edition. Newtown Square : PMI, 2004
[PMI06a]	PMI (Hrsg.): *PMI Member FACT Sheet June 2006.* http://www.pmi.org/prod/groups/public/documents/info/ GMC_MemberFACTSheetJune06.pdf 22.07.2006
[PMI06b]	PMI (Hrsg.): *Continuing Certification Requirements Handbook.* http://www.pmi.org/info/PDC_CCRHandbook.pdf 15.06.2006
[Rath05]	RATHMANN, Nicolai: Zertifizierungen im Projektmanagement – Zertifizierungsanbieter und ihre Programme. In: *Projektmagazin* 20 (2005)
	http://www.projektmagazin.de/magazin/abo/artikel/2005/2005-2.html 25.07.2006
[Rath06a]	RATHMANN, Nicolai: Zertifizierungen im Projektmanagement – PMI und GPM/IPMA im Vergleich. In: *Projektmagazin* 5 (2006)
	http://www.projektmagazin.de/magazin/abo/artikel/2006/0506-2.html 25.07.2006
[Rath06b]	RATHMANN, Nicolai: Zertifizierungen im Projektmanagement – PMI oder GPM/IPMA? Hilfestellung bei der Auswahl. In: *Projekt-*

	magazin 5 (2006). http://www.projektmagazin.de/magazin/abo/artikel/2006/0506-3.html 25.07.2006
[RH06]	O.V.: *redHat.com : Certification Central.* https://www.redhat.com/training/certification/ 09.06.2006 – Red Hat, Inc.
[Schel03]	SCHELLE, Heinz: Ex occidente lux? : Kritische Bemerkungen zum PMBOK Guide 2000 Edition. In: *Projektmanagement* 1 (2003), S. 34ff
[Schel06]	SCHELLE, Heinz: Das aktuelle Stichwort : Organizational Project Management Maturity Model (OPM3) des PMI. In: *projektMANAGEMENT aktuell* 1 (2006), S. 29-31
[SchKno06]	SCHMEHR, Werner ; KNOEPFEL, Hans: I*PMA Certification Handbook 2005.* http://www.gpm-ipma.de/download/42CertificationYearbook2005R13.pdf 22.07.2006
[Schu06]	SCHULZ, Gudrun: Chef oder lieber Spezialist? In: *COMPUTERWOCHE* 29 (2006), S. 36-37
[ScKnCa05]	SCHMEHR, Werner ; KNOEPFEL, Hans ; CAUPIN, Gilles: *IPMA Certification Handbook 2004.* http://www.gpm-ipma.de/download/42CertificationYearbook2004R13.pdf 19.07.2005
[ScOtPf05]	SCHELLE, Heinz ; OTTMANN, Roland ; PFEIFFER, Astrid: ProjektManager. 2. Auflage. Nürnberg : GPM-Eigenverlag, 2005
[ScOtPf06]	SCHELLE, Heinz ; OTTMANN, Roland ; PFEIFFER, Astrid: Project Manager. Nürnberg : GPM-Eigenverlag, 2006
[Seib06]	SEIBERT, Siegried: Das aktuelle Stichwort: V-Modell XT. In: *projektMANAGEMENT aktuell* 2 (2006), S. 45-49
[Ueber06]	UEBERFELDT, Peter: Unternehmensführung und Projektmanagement „Beyond any Standard" : Würzburger Open Space Konferenz. In: *projektMANAGEMENT aktuell* 2 (2006), S. 59-60
[VDI02]	VDI-GSP (Hrsg.): *Qualifizierung zum Projektingenieur VDI.* Düssel-

dorf : VDI-Eigenverlag, 2002

[VW03]   VOLKSWAGEN COACHING GMBH PROJEKTMANAGEMENT (Hrsg.): *Stand und Trend des Projektmanagements in Deutschland – Eine Studie der Volkswagen Coaching GmbH ProjektManagement in Kooperation mit IPMI, Universität Bremen und EMS Ltd., London.* Norderstedt : Volkswagen Coaching GmbH Verlag, 2003

[Wiem06] WIEMEYER, Matthias: *Management komplexer Projekte oder PMI – das Handbuch des Misslingens.* http://www.ratwechsel.de/Management_komplexer_Projekte_PMI_Handbuch_des_Misslingens.pdf 19.07.2006 - RatWechsel